工伤保险普法知识学习手册丛书

工伤认定知识学习手册

主　编◎佟瑞鹏　李昕阳
副主编◎邓盈祺　张智慧

中国劳动社会保障出版社

图书在版编目（CIP）数据

工伤认定知识学习手册 / 佟瑞鹏，李昕阳主编. —— 北京：中国劳动社会保障出版社，2025. —— （工伤保险普法知识学习手册丛书）. —— ISBN 978-7-5167-7050-4

Ⅰ. D922.54-62

中国国家版本馆 CIP 数据核字第 20256CH313 号

工伤认定知识学习手册
GONGSHANG RENDING ZHISHI XUEXI SHOUCE

中国劳动社会保障出版社出版发行

（北京市惠新东街 1 号　邮政编码：100029）

*

北京盛通印刷股份有限公司印刷装订　　新华书店经销

880 毫米 ×1230 毫米　32 开本　4.125 印张　89 千字

2025 年 6 月第 1 版　2025 年 6 月第 1 次印刷

定价：16.00 元

营销中心电话：400-606-6496

出版社网址：https://www.class.com.cn

版权专有　　侵权必究

如有印装差错，请与本社联系调换：（010）81211666

我社将与版权执法机关配合，大力打击盗印、销售和使用盗版图书活动，敬请广大读者协助举报，经查实将给予举报者奖励。

举报电话：（010）64954652

内容简介
INTRODUCTION

工伤保险作为我国社会保障体系的重要组成部分，不仅保障了职工权益，更进一步分散了用人单位所承担的风险，并促进了用人单位的安全生产。因此，加强工伤保险普法，对于帮助劳动者了解自身权利、提升用人单位社会责任以及推动社会和谐发展都具有深远的意义。

本书是"工伤保险普法知识学习手册丛书"之一，主要对工伤保险和工伤认定进行相关介绍。前三章从工伤保险概述、基本概念和法律体系三个方面介绍了工伤保险法律法规的基本知识；第四章是相关法律规定的认定、视同以及不得认定为工伤的情形；第五章对事故伤害发生后，工伤认定申请的相关法律规定；第六章主要介绍工伤认定申请书提交之后，工伤认定的受理、调查核实与决定的相关内容；第七章介绍劳动关系与工伤认定争议及特殊情况的处理。

本书通俗易懂，文字简洁，版式设计新颖活泼，配以原创漫画插图，生动直观。本书适用于各类用人单位的安全管理人员、工伤保险从业人员等读者群体，尤其适合广大职工群众关于工伤保险和工伤认定普法学习使用。

目录
CONTENTS

第1章 工伤保险概述 /1
1. 工伤的定义 /1
2. 工伤保险的定义 /2
3. 工伤保险的作用 /2
4. 工伤保险的特点 /3
5. 工伤保险的原则 /5
6. 工伤保险的"三位一体"制度 /6
7. 工伤预防的内容与作用 /7
8. 工伤补偿的范围 /7
9. 工伤康复的作用与内容 /10

第2章 工伤保险基本概念 /13
10. 社会保险基本概念 /13
11. 工伤保险基金及费率相关概念 /15
12. 工伤预防相关概念 /16
13. 工伤认定相关概念 /17
14. 劳动能力鉴定相关概念 /18
15. 职业病诊断相关概念 /19

16. 工伤康复相关概念 /21

17. 工伤保险待遇相关概念 /22

18. 工伤保险服务管理相关概念 /24

第 3 章　工伤保险法律体系 /27

19. 我国工伤保险法治 /27

20. 工伤保险相关政策 /30

21. 工伤保险相关法律 /34

22. 工伤保险相关法规 /38

23. 工伤保险相关规章制度 /39

24. 工伤保险相关标准规范 /43

第 4 章　认定、视同及不得认定为工伤的情形 /47

25. 工作原因伤害相关情形 /47

26. 工作时间前后的预备和收尾工作伤害相关情形 /50

27. 意外伤害相关情形 /52

28. 职业病相关情形 /53

29. 因工外出的工作原因伤害相关情形 /55

30. 上下班途中交通事故伤害相关情形 /57

31. 应当认定为工伤的其他情形 /60

32. 突发疾病相关情形 /63

33. 维护国家利益、公共利益而受伤相关情形 /66

34. 退役军人旧伤复发相关情形 /68

35. 故意犯罪相关情形 /70

36. 醉酒或吸毒相关情形 /71

37. 自残或自杀相关情形 /73

目录

第 5 章　工伤认定申请 /75

38. 工伤认定申请的主体与时限 /75

39. 工伤认定申请表 /77

40. 与用人单位存在劳动关系的证明材料 /81

41. 医疗诊断证明或者职业病诊断证明书 /83

第 6 章　工伤认定受理、调查核实与决定 /87

42. 工伤认定受理部门 /87

43. 工伤认定受理时限及回避 /88

44. 社会保险行政部门工伤调查核实的内容与要求 /90

45. 工伤调查核实工作人员的权力 /92

46. 用人单位拒不协助调查核实事故的法律责任 /94

47. 工伤认定决定 /96

48. 工伤认定有关资料的保存 /100

49. 工伤认定便民化服务政策 /101

第 7 章　劳动关系与工伤认定争议及特殊情况 /105

50. 劳动关系认定 /105

51. 劳动者与用人单位劳动关系纠纷处理 /108

52. 劳动争议的相关时效判定 /112

53. 特殊用工的劳动关系与工伤保险 /113

54. 工伤认定申请超出相关时限的处理意见 /116

55. 不服工伤认定受理或认定结论的处理 /118

第1章 工伤保险概述

1. 工伤的定义

工伤,亦称职业伤害、工作伤害。"工伤"一词的规范化表述来自1921年国际劳工大会通过的公约,该公约认为,工作直接或间接引起的事故为工伤。1964年第48届国际劳工大会通过的公约规定工伤补偿应将职业病和上下班途中交通事故包括在内。

我国国家标准《社会保险术语 第5部分:工伤保险》(GB/T 31596.5—2015)将"工伤"定义为"职工因工作遭受事故伤害或患职业病"。

2. 工伤保险的定义

工伤保险是国家立法实施的，通过用人单位筹资形成基金，对职工因工作原因遭受事故伤害或患职业病的，给予职工本人及其近亲属相应待遇的一项社会保险制度。

早期的工伤保险实际上是"工伤赔偿"，即职工因工导致伤残、疾病或死亡时，对职工本人或其供养亲属给予经济赔偿和提供物质帮助的一种社会保险制度。随着社会的发展，工伤保险的功能不断完善。现代意义上的工伤保险，不仅包括保障因工作遭受事故伤害或患职业病的职工获得医疗救治和经济补偿，而且包括促进企业安全生产，降低企业工伤事故及职业病发生率，并通过现代康复手段，使工伤职工尽快恢复劳动能力，促进其回归社会，即建立并形成工伤预防、工伤补偿、工伤康复"三位一体"的制度体系。

3. 工伤保险的作用

工伤保险是社会保险制度的重要组成部分，对于保障工伤职工的合法权益，促进工伤预防与安全生产，分散用人单位的工伤风险，维护社会安定具有重要作用。

（1）保障工伤职工的合法权益

为工伤职工提供必要的医疗救助和经济补偿，是建立健全工伤保险制度的主要目的之一。建立社会共济的工伤保险制度，有利于保障工伤职工得到及时治疗、康复，使工伤职工和工亡职工近亲属的基本生活得到保障，从而保障工伤职工的合法权益。

（2）促进工伤预防与安全生产

我国的工伤保险制度已逐步形成工伤预防、工伤补偿、工伤康复"三位一体"的制度体系，并且对工伤预防、工伤康复等的关注程度不断提高。通过实行行业差别费率和用人单位浮动费率机制，以及在工伤保险基金中列支工伤预防费等措施，促进用人单位加强工伤预防工作，减少工伤事故和职业病的发生率，从而保护职工的生命安全和身体健康。

（3）分散用人单位的工伤风险

社会保险的基本宗旨就是分散风险。建立工伤保险制度就是要通过工伤保险基金的互助互济功能，分散用人单位的工伤风险，避免用人单位在职工发生工伤事故后不堪重负，也避免工伤职工的合法权益得不到保障。同时，通过工伤保险的社会化管理服务，可以解决用人单位社会负担重的问题，使其能够全力参与市场竞争。

4. 工伤保险的特点

工伤保险作为社会保险制度的重要组成部分，具有 4 个突出的基本特点，分别是强制性、非营利性、保障性和互助互济性。

（1）强制性

工伤保险是国家通过立法形式强制规定适用范围的保险类型。国家通过法律法规明确规定所有用人单位和职工必须参加工伤保险。

（2）非营利性

工伤保险的设立初衷是履行社会责任，保障工伤职工的基本生活和健康权益，而不是为了营利。依法参加工伤保险是用人单位应当履行的责任，也是职工应该享有的基本权利。

（3）保障性

在职工发生工伤事故后，对工伤职工或工亡职工近亲属发放工伤保险待遇，保障其生活。

（4）互助互济性

工伤保险通过强制征收保险费，建立工伤保险基金，并在人员之间、地区之间、行业之间实行再分配，调剂使用工伤保险基金。

5. 工伤保险的原则

工伤保险作为社会保险最早产生的险种,经过多年的发展和完善,已形成了一些国际上普遍认同的基本理念和主要原则,主要有以下 6 个方面。

(1)强制性原则

国家通过立法,强制用人单位对职工的事故伤害和职业病负责,实行基金统筹模式,要求用人单位为全体职工参保缴费。世界上凡是实行工伤保险制度的国家,都是由国家或政府颁布法律法规强制实施的。

(2)无过错补偿原则

无过错补偿原则又称补偿不究过失原则,即职工受到工伤事故伤害后,不管工伤过错在谁,工伤职工均可获得经济补偿,以保障其得到及时的救治和基本生活保障。无过错补偿原则并不妨碍有关部门对事故责任人的追究,以防止类似事故重复发生。

(3)职工个人不缴费原则

工伤保险费全部由用人单位缴纳,职工个人不缴费,这是工伤保险与基本养老保险、基本医疗保险等其他社会保险的主要区别之一,并已在国际上达成共识。

(4)实行行业差别费率和行业内费率档次原则

工伤保险产生和发展的过程,也是不断促进工伤预防、减少工伤事故的过程。工伤保险对工伤预防的促进作用,主要通过行业差别费率和行业内费率档次来体现,即工伤保险费率与行业或职业风险程度、用人单位工伤保险费使用、工伤发生率相关。工伤保险的行业差

别费率和行业内费率档次机制也是工伤保险有别于其他社会保险的重要特征之一。

（5）工伤预防、工伤补偿和工伤康复相结合的原则

工伤预防、工伤补偿和工伤康复三者是密切相关的，构成了工伤保险制度的三个支柱。工伤预防是工伤保险制度的重要内容，工伤保险制度致力于采取各项措施，减少或预防工伤事故。工伤事故发生后，及时对工伤职工予以医治并给予经济补偿，使工伤职工本人或其近亲属的生活得到一定保障，是工伤保险制度的基本功能。同时，要及时对工伤职工进行医学康复和职业康复，使其尽可能恢复或部分恢复生活能力和劳动能力，进而具备从事某种职业的能力，这是工伤保险制度为伤残职工提供的良好保障。

（6）一次性补偿与长期补偿相结合原则

对工伤职工或工亡职工近亲属，工伤保险待遇实行一次性补偿与长期补偿相结合的办法。例如，对一级至六级伤残的工伤职工、工亡职工近亲属，工伤保险基金一般在支付一次性补偿的同时，还按月支付长期补偿。这种一次性补偿与长期补偿相结合的办法，可以长期、有效地保障工伤职工及工亡职工近亲属的基本生活。这也是工伤保险不同于其他保险（如商业保险）的重要特征之一。

6. 工伤保险的"三位一体"制度

《工伤保险条例》由 2003 年 4 月 27 日中华人民共和国国务院令第 375 号公布，根据 2010 年 12 月 20 日《国务院关于修改〈工伤保险条例〉的决定》修订。修订后的《工伤保险条例》对工伤预防、工

伤康复费用作出了制度安排，使工伤预防、工伤补偿、工伤康复"三位一体"的制度框架最终形成，使我国的工伤保险制度在注重工伤补偿的同时，强化事前的积极预防和事后的职业康复，进而从根本上保障职工的合法权益。

7. 工伤预防的内容与作用

工伤预防是指为避免与降低工伤风险所采取的宣传和培训等手段和措施。工伤风险是指在工作过程中工伤发生的概率和造成危害的程度。

工伤预防是建立健全工伤预防、工伤补偿、工伤康复"三位一体"工伤保险制度的重要内容。开展工伤预防，可以促进安全生产，避免和减少事故伤害和职业病的发生，有效保障职工的生命安全和身体健康；可以减少经济损失，有效控制工伤保险基金支出；可以减少企业内部不安全的管理和技术因素，提升企业竞争力，促进企业稳定发展乃至社会稳定。此外，将工伤预防作为工伤保险优先事项，采取一切适当的手段组织推进，切实提升职工工伤预防意识和能力，能够促进职工实现稳定就业，促进经济社会持续健康发展，实现从"要我预防"到"我要预防""我会预防"的转变。

8. 工伤补偿的范围

职工因工作原因受到事故伤害或者患职业病，且经工伤认定的，享受工伤保险待遇；其中，经劳动能力鉴定丧失劳动能力的，享受伤残待遇。

（1）工伤保险基金补偿

职工因工伤发生的下列费用，依法从工伤保险基金中支付：

1）治疗工伤的医疗费用和康复费用；

2）住院伙食补助费；

3）到统筹地区以外就医的交通食宿费；

4）安装配置伤残辅助器具所需费用；

5）生活不能自理的，经劳动能力鉴定委员会确认的生活护理费；

6）一次性伤残补助金和一级至四级伤残职工按月领取的伤残津贴；

7）终止或者解除劳动合同时，应当享受的一次性工伤医疗补助金；

8）因工死亡的，其近亲属领取的丧葬补助金、供养亲属抚恤金和一次性工亡补助金；

9）劳动能力鉴定费。

（2）用人单位补偿

因工伤发生的下列费用，依法由用人单位支付：

1）治疗工伤期间的工资福利；

2）五级、六级伤残职工按月领取的伤残津贴；

3）终止或者解除劳动合同时，应当享受的一次性伤残就业补助金。

生活不能自理的工伤职工在停工留薪期需要护理的，由所在单位负责。

第1章　工伤保险概述

疑难解答

承诺放弃社会保险，还能享受工伤保险待遇吗？

案例：某职工在入职时签署了自愿放弃缴纳"五险一金"承诺书。该职工在某次长途出差途中，发生交通事故，严重受伤，交警判定该职工无责任。公司依据该职工入职时签署的自愿放弃缴纳"五险一金"承诺书，坚决不承担后果。

根据《工伤保险条例》第二条，中华人民共和国境内的企业、事业单位、社会团体、民办非企业单位、基金会、律师事务所、会计师事务所等组织和有雇工的个体工商户（以下称用人单位）应当依照本条例规定参加工伤保险，为本单位全部职工或者雇工（以下称职工）缴纳工伤保险费。职工均有依照《工伤保险条例》的规定享受工伤保险待遇的权利。

用人单位参加工伤保险是为了保障职工在发生工伤时，能依法从国家和社会获得物质帮助，也是法律、法规明确规定用人单位应履行的义务，并不能由用人单位和职工协商决定放弃或免除。

工伤保险是社会保险之一，不同于商业保险，属于国家强制性的保险。根据《中华人民共和国劳动法》（以下简称《劳动法》）第七十二条，用人单位和劳动者必须依法参加社会保险，缴纳社会保险费。根据《中华人民共和国社会保险法》（以下简称《社会保险法》）第六十条，用人单位应当自行申报、按时足额缴纳社会保险费，非因不可抗力等法定事由不得缓缴、减免。

因此，本案例中该职工的自愿放弃缴纳"五险一金"承诺书是无效的。故而，该公司不能免除事故中应承担的工伤保险责任。

9. 工伤康复的作用与内容

工伤康复是在工伤保险制度框架下，利用现代康复理论和技术，为工伤职工提供康复服务，最大限度地改善和提高其生理功能和职业劳动能力，促进其回归社会和重返工作岗位。

工伤康复服务的内容包括生理康复、心理康复、职业康复和社会康复等，具体如下：及早发现、诊断与处理；心理及其他方面的咨询和协助；进行自理训练，包括行动、交往及日常生活技能，并为运动、听觉、视觉功能受损者提供所需的特殊器材；提供辅助器械、行动工具及其他设备；专门教育服务；职业技能训练（包括职业指导）、职业培训、保护性的就业安置等。

第1章 工伤保险概述

 **拓展阅读**

工伤康复业务流程如图1-1所示。

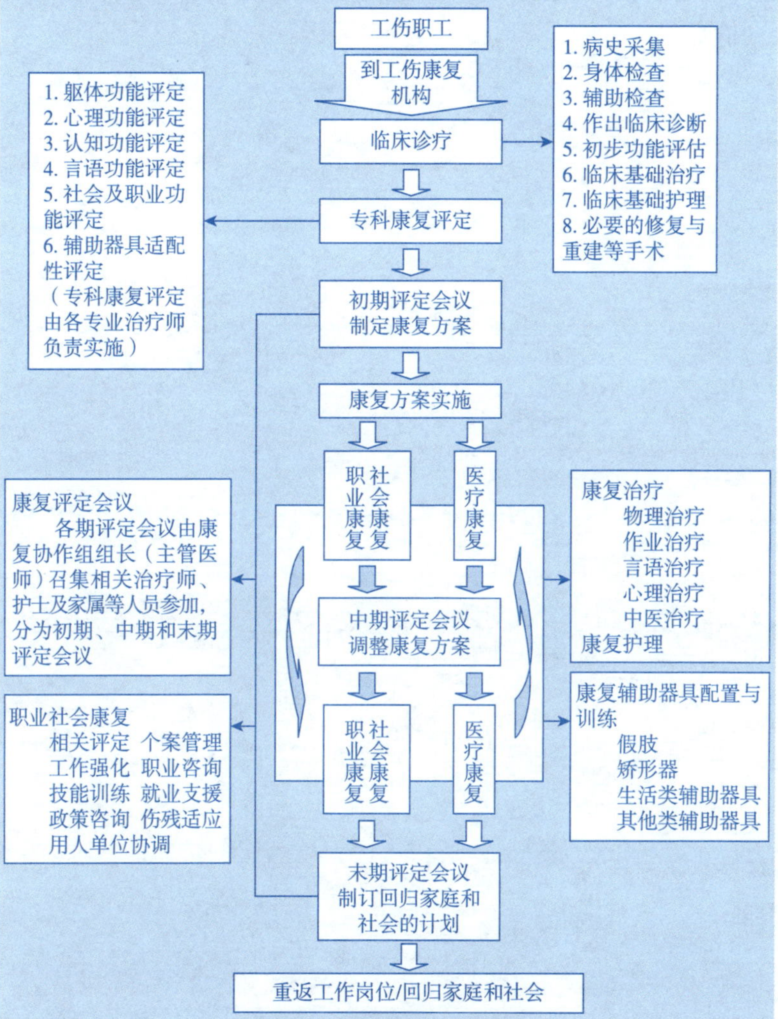

图1-1 工伤康复业务流程

第2章 工伤保险基本概念

10. 社会保险基本概念

社会保险是指通过国家立法形式，多渠道筹集资金，对参保人在年老、疾病、工伤、失业、生育等情况下依法提供物质帮助，使其享有基本生活保障的一项社会保障制度。社会保险包括基本养老保险、基本医疗保险、工伤保险、失业保险、生育保险等。

（1）基本养老保险

基本养老保险是指国家立法实施的，通过参保人、用人单位和政府等多方筹资形成基金，对参保并缴纳费用、达到待遇领取条件者依法提供物质帮助，在其因年老而退出劳动后，享有基本生活保障的一项社会保险制度。

(2) 基本医疗保险

基本医疗保险是指国家立法实施的，通过参保人、用人单位和政府等多方筹资形成基金，对参保人因患病而就医诊疗时提供资金支持，以保障其享有基本医疗服务的一项社会保险制度。

(3) 工伤保险

工伤保险是指国家立法实施的，通过用人单位筹资形成基金，对职工因工作原因遭受事故伤害或患职业病的，给予职工本人及其近亲属相应待遇的一项社会保险制度。

(4) 失业保险

失业保险是指国家立法实施的，通过参保人、用人单位等筹资形成基金，对因失业而暂时失去工资收入的参保人提供物质帮助，以保障其基本生活，维持劳动力再生产，为其重新就业创造条件的一项社会保险制度。

(5) 生育保险

生育保险是指国家立法实施的，通过用人单位筹资形成基金，在参保人因生育和计划生育时，按规定给予其经济补偿和保障其基本医疗需求的一项社会保险制度。

11. 工伤保险基金及费率相关概念

工伤保险基金是国家为实施工伤保险制度，通过法定程序建立的用于特定目的的专项资金。稳定充足的工伤保险基金是保障工伤保险制度顺利实施的基本条件。

（1）工伤保险基金

工伤保险基金是指按照法律规定，由用人单位缴纳的工伤保险费及其利息收入，以及其他依法纳入的资金汇集而成的，用于支付工伤保险待遇及其他相关支出的专项资金。

（2）工伤保险费率

工伤保险费率是指依据相关法律法规确定的用人单位参加工伤保险的缴费比率。

（3）工伤保险支缴率

工伤保险支缴率是指一定时期内，工伤保险基金为用人单位支付工伤保险待遇与该单位缴纳的工伤保险费的比率。

（4）工伤保险储备金

工伤保险储备金是指统筹地区按照规定从工伤保险基金中提取，用于支付重大事故等工伤保险待遇的备用资金。

（5）工伤保险基金支出

工伤保险基金支出是指用于职工工伤保险待遇，劳动能力鉴定，工伤预防的宣传、培训等费用，以及法律、法规规定的用于工伤保其他费用的支出。

 拓展阅读

> 《工伤保险条例》实施后，随着工伤保险参保人数的不断增加，工伤保险基金收支规模不断扩大，工伤保险基金的保障能力稳步增强。2023年，全国工伤保险基金收入1 212亿元，是2004年的20.9倍；基金支出1 237亿元，是2004年的37.5倍。工伤保险基金管理运行平稳，切实保障了工伤职工的工伤保险权益，为实施工伤预防、工伤补偿、工伤康复"三位一体"的工伤保险制度奠定了坚实基础。

12. 工伤预防相关概念

工伤预防是工伤保险制度的重要内容，是积极的、优先的工伤保险政策。工伤预防是运用工伤预防方法或技术手段降低工伤事故发生率，保障职工健康和安全，促进企业稳定发展，减少经济损失，维护社会和谐稳定的有效手段。

（1）工伤风险

工伤风险是指在工作过程中工伤发生的概率和造成危害的程度。

（2）工伤发生率

工伤发生率是指在一定时期内，用人单位（或统筹地区）发生工伤的人次数占职工总人数的比率。

（3）工伤预防

工伤预防是指避免与降低工伤风险所采取的宣传和培训等手段和

措施。

有研究表明，98%以上的工伤事故可以通过管理和技术手段避免，因此，加强工伤预防工作十分重要。工伤预防就是采取管理和技术手段等方面的措施，以期从源头上减少和避免事故和职业病的发生，最终实现"零工伤"的目标。工伤预防对于促进安全生产、保护职工的安全和健康至关重要。

13. 工伤认定相关概念

工伤认定是工伤保险的重要内容，也是职工依法享受工伤保险待遇的必经环节。社会保险行政部门依法作出的工伤认定结论不仅与劳动关系双方的切身利益密切相关，而且对工伤保险基金的安全与完整产生直接影响。

（1）工伤认定

工伤认定是指社会保险行政部门依法认定职工所受伤害是否属于工伤的行政行为。

（2）工伤认定申请受理

工伤认定申请受理是指社会保险行政部门对工伤认定申请人提交的认定申请材料进行审查确认，决定是否受理的行政行为。

（3）工伤认定申请时限

工伤认定申请时限是指法律规定的工伤认定申请人提出工伤认定申请的有效期限。

（4）工伤认定时限

工伤认定时限是指社会保险行政部门作出工伤认定决定的法定期限。

（5）工伤认定决定时限中止

工伤认定决定时限中止是指社会保险行政部门受理工伤认定申请后，在出现法定情形下做出的中止认定时限的行政行为。

14. 劳动能力鉴定相关概念

劳动能力是职工进行相关职业活动的能力。劳动能力鉴定是职工享受相关待遇的重要依据，是防范基金风险的重要环节。

（1）劳动能力鉴定

劳动能力鉴定是指劳动能力鉴定委员会依据国家制定的劳动能力鉴定标准对工伤职工的劳动功能障碍程度和生活自理障碍程度作出的技术性鉴定结论。

（2）劳动功能障碍程度

劳动功能障碍程度即伤残等级，是指劳动能力鉴定委员会根据国家制定的劳动能力鉴定标准，确定工伤职工所受伤害的伤残程度。

（3）生活自理障碍程度

生活自理障碍程度是指劳动能力鉴定委员会根据国家制定的劳动能力鉴定标准，确定工伤职工生活自理能力受到伤害的程度。

（4）辅助器具配置确认

辅助器具配置确认是指劳动能力鉴定委员会根据有关规定，确认工伤职工是否应配置辅助器具的程序。

（5）劳动能力鉴定期限

劳动能力鉴定期限是指劳动能力鉴定委员会依法评定工伤职工伤残等级的时限。

15. 职业病诊断相关概念

职业病是企业、事业单位和个体经济组织等用人单位的劳动者在职业活动中，因接触粉尘、放射性物质和其他有毒、有害因素而引起的疾病。

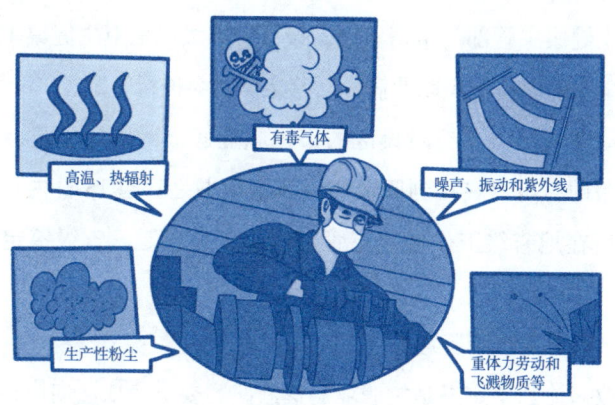

（1）职业病诊断

职业病诊断是指具有职业病诊断资质的医疗卫生机构，根据《中华人民共和国职业病防治法》（以下简称《职业病防治法》）、《职业病诊断与鉴定管理办法》的有关规定及《职业病分类和目录》、国家职业病诊断标准，依据劳动者的职业史、职业病危害接触史和工作场所职业病危害因素情况、临床表现以及辅助检查结果等，综合分析其疾病的特征和发展变化是否符合相应的职业病特征、发生发展规律和流行病学规律，对接触职业病危害因素的劳动者作出是否患有职业病的诊断结论。

（2）职业病诊断证明书

职业病诊断证明书是指职业病诊断机构依法向劳动者、用人单位出具的职业病诊断证明文件。

（3）职业病诊断鉴定

劳动者或用人单位对职业病诊断有异议时，可以在接到职业病诊断证明书之日起30日内，向作出诊断结论的诊断机构所在地设区的市级卫生健康主管部门申请鉴定。设区的市级以上卫生健康主管部门根据当事人的申请组织职业病诊断鉴定委员会进行鉴定。

劳动者或用人单位对设区的市级职业病诊断鉴定委员会的鉴定结论不服的，可以在接到职业病诊断鉴定书之日起15日内，向原鉴定组织所在地省级卫生健康主管部门申请再鉴定。省级鉴定为最终鉴定。

（4）职业病诊断鉴定书

职业病诊断鉴定书是指职业病诊断鉴定委员会依法向申请职业病鉴定的当事人出具的职业病诊断鉴定结果证明文件。

（5）职业病诊断标准

职业病诊断标准是指国家有关部门颁发的具有法律意义的职业病诊断技术标准。

（6）职业病诊断分级标准

职业病诊断分级标准是指在职业病诊断标准中，作为反映疾病严重程度分级的临床及实验室指标。

（7）职业病诊断指标

职业病诊断指标是指在职业病诊断标准中，作为职业病诊断依据的症状、体征和实验室检查的特异或非特异性指标。

16. 工伤康复相关概念

工伤康复在工伤保险制度中占据重要地位，对于推动工伤职工重新融入社会、重返工作岗位以及实现有尊严的生活具有重大意义。

（1）工伤康复

工伤康复是指综合、协调地应用医疗的、工程的、教育的、职业的、心理的、社会的以及其他措施，对工伤职工进行治疗、辅助、训练、辅导、补偿、提高，恢复工伤职工的身体功能、生活自理能力和职业劳动能力，以消除或者减轻工伤造成的后果，改善工伤职工参与劳动、就业等社会生产、生活的自身条件的过程。

（2）工伤医疗康复

工伤医疗康复是指运用各种临床诊疗和康复治疗的手段，改善和提高工伤职工的身体功能和生活自理能力的过程。

（3）工伤职业康复

工伤职业康复是指通过职业康复评估与专业技能学习和训练，使工伤残疾职工恢复并达到一定劳动能力的过程。

17. 工伤保险待遇相关概念

工伤保险待遇是指职工因工作遭受事故伤害或者患职业病后，获得医疗救治和经济补偿的一种社会保障。经工伤认定的工伤职工，享受工伤保险待遇。

（1）工伤保险待遇享受条件

《社会保险法》第三十六条规定，职工因工作原因受到事故伤害或者患职业病，且经工伤认定的，享受工伤保险待遇；其中，经劳动能力鉴定丧失劳动能力的，享受伤残待遇。

（2）工伤医疗（康复）待遇

工伤医疗（康复）待遇是指工伤职工进行治疗（康复）期间所享受的工伤医疗待遇总和。

1）工伤医疗费：工伤职工在抢救治疗以及职业病的治疗过程中，符合规定范围内的医疗费用。

2）工伤康复费：工伤职工在工伤保险协议康复机构康复过程中，符合规定范围内的费用。

3）住院伙食补助费：工伤职工在住院治疗、住院康复期间按规定享受的伙食补助。

4）交通食宿费：工伤职工经批准到统筹地区以外治疗工伤，按规定标准享受的交通、食宿费用。

5）停工留薪期：工伤职工暂时停止工作进行治疗并享受有关工伤保险待遇的期限。

（3）因工伤残待遇

因工伤残待遇是指工伤职工经劳动能力鉴定委员会确认伤残等级后，根据规定享受的相关工伤保险待遇。

1）一次性伤残补助金：工伤职工依据伤残等级享受的一次性职业伤害补偿费用。

2）伤残津贴：工伤职工达到国家规定的相应伤残等级时按月领取的津贴。

3）生活护理费：工伤职工经劳动能力鉴定委员会确认达到生活护理标准并确定等级，根据相关规定按月领取的费用。

4）配置辅助器具待遇：为帮助工伤职工提高身体功能，工伤职工经劳动能力鉴定委员会确认后，到工伤保险协议辅助器具配置机构，按规定配置辅助器具的待遇。

5）一次性工伤医疗补助金：工伤职工在解除或者终止劳动关系时，按不同伤残等级享受的一次性医疗补助费用。

6）一次性伤残就业补助金：工伤职工在解除或者终止劳动关系时，按不同伤残等级享受的一次性再就业补助费用。

（4）工亡待遇

工亡待遇是指职工因工死亡后，其近亲属按国家规定享受的包括丧葬补助金、一次性工亡补助金和供养亲属抚恤金等工伤保险待遇。

1）丧葬补助金：职工因工死亡，其近亲属按国家规定享受的丧葬费用补助。

2）一次性工亡补助金：职工因工死亡后，其近亲属按照国家规定领取的一次性费用补偿。

3）供养亲属抚恤金：职工因工死亡，依靠工亡职工生前提供主要生活来源、无劳动能力的近亲属，按照规定领取的生活补助费用。

18. 工伤保险服务管理相关概念

做好工伤保险服务管理工作，有利于保障工伤职工依法享有相关服务的权益，从而促进我国工伤保险事业发展。

（1）工伤保险经办机构

工伤保险经办机构是指统筹地区依法设立的经办工伤保险具体事务的组织机构。

（2）劳动能力鉴定委员会

劳动能力鉴定委员会是指负责组织对工伤职工劳动功能障碍程度和生活自理障碍程度等进行鉴定并作出鉴定结论的专门组织。

（3）工伤保险协议管理

工伤保险协议管理是指工伤保险经办机构通过与相关机构签订协

议为工伤职工提供服务的管理方式。

1）工伤保险服务协议：工伤保险经办机构与医疗机构、康复机构、辅助器具配置等机构签订的，用于规范双方权利义务以及违约处理等办法的专门合约。

2）工伤保险协议医疗机构：与工伤保险经办机构签订工伤保险服务协议，为工伤职工提供医疗服务的医疗机构。

3）工伤保险协议康复机构：与工伤保险经办机构签订工伤保险服务协议，为工伤职工提供康复服务的康复机构。

4）工伤保险协议辅助器具配置机构：与工伤保险经办机构签订工伤保险服务协议，为工伤职工提供辅助器具配置的机构。

（4）工伤保险待遇管理

工伤保险待遇管理是指工伤保险经办机构按照规定对工伤职工及其近亲属享受工伤保险待遇的资格进行管理的行为。

1）享受工伤保险待遇资格核定：工伤保险经办机构依法对工伤职工及其近亲属享受工伤保险待遇的资格进行核准的行为。

2）工伤保险待遇核定：工伤保险经办机构依法对工伤职工的伤残待遇、医疗（康复）待遇等及其近亲属享受的工亡待遇等工伤待遇进行核准以及对工伤保险待遇调整审核的行为。

3）工伤医疗费用审核：工伤保险经办机构依法对工伤职工发生的医疗费用核准的行为。

4）工伤康复费用审核：工伤保险经办机构依法对工伤职工发生的康复费用核准的行为。

5）工伤保险药品目录：保证工伤职工救治、康复需要，由工伤保险基金支付费用的药品范围。

6）工伤保险诊疗项目目录：保证工伤职工救治、康复需要，由工伤保险基金支付费用的诊疗项目和医用耗材的范围。

7）工伤康复服务项目目录：保证工伤职工康复需要，由工伤保险基金支付费用的康复服务项目及范围。

8）工伤保险辅助器具目录：保证工伤职工日常生活或者就业需要，由工伤保险基金支付费用的辅助器具项目和辅助器具耗材范围。

9）工伤保险住院服务标准：保证工伤职工接受治疗、康复需要，由工伤保险基金支付的服务以及服务设施的费用支付标准。

第3章 工伤保险法律体系

19. 我国工伤保险法治

（1）发展历史

我国工伤保险制度是在中华人民共和国成立后，国民经济恢复与发展过程中逐步建立起来的；工伤保险制度的改革则是在我国由计划经济体制向市场经济体制转变中逐步深入的。我国工伤保险制度的建立和发展经历了3个阶段。

1）工伤保险制度的建立时期。1951年2月26日，中央人民政府政务院颁布了《中华人民共和国劳动保险条例》，这是我国第一部包括养老、工伤、生育等保险项目在内的全国性统一法规，也是我国实

施社会保障制度的起点。1953年1月2日，政务院修正并重新公布了《中华人民共和国劳动保险条例》，其中对工伤保险等问题作了较为详细的规定。

与此同时，国家机关、事业单位的保险制度也以单项法规的形式逐步建立。1950年12月11日，内务部公布了《革命工作人员伤亡褒恤暂行条例》，规定了伤残死亡待遇。1957年2月28日，卫生部颁布了《职业病范围和职业病患者处理办法的规定》，首次将职业病列入工伤补偿的范围。

2）工伤保险制度的停滞时期。1966—1976年，《中华人民共和国劳动保险条例》受到了否定，"社会保险"退化为"企业保险"。这一时期负责企业职工社会保险管理的中华全国总工会被停止活动。1969年2月，财政部发布《关于国营企业财务工作中几项制度的改革意见（草案）》，规定"国营企业一律停止提取劳动保险金"，并将"企业的退休职工、长期病号工资和其他劳保开支，改在营业外列支"。

3）工伤保险制度的恢复和重建时期。1978年12月，党的十一届三中全会召开，我国各项事业进入正常的发展轨道，劳动保险制度的重建工作也被提上了议事日程。1984年以后，我国经济体制改革进入了以城市为重点、以搞活企业为中心的阶段。1987年11月5日，卫生部、劳动人事部、财政部、中华全国总工会颁布了《职业病范围和职业病患者处理办法的规定》。1988年，劳动部主持研究社会保险改革方案。1989年开始，各地先后开展工伤保险试点改革，并取得了初步成果。1991年4月9日，第七届全国人民代表大会第四次会议批准了《中华人民共和国国民经济和社会发展十年规划和第八个五年计划纲要》。1993年，党的十四届三中全会通过《中共中央关于建立社会主义市场经济体制若干问题的决定》。1995年,《劳动法》施行,进一步明确了建立包括工伤保险在内的社会保险制度。1996年,国家出台了《企业职工工伤保险试行办法》及《职工工伤与职业病致残程度鉴定》(GB/T 16180—1996)。

2003年4月,国务院颁布了《工伤保险条例》。2003年9月,劳动和社会保障部颁布了《工伤认定办法》《因工死亡职工供养亲属范围规定》《非法用工单位伤亡人员一次性赔偿办法》等一系列与《工伤保险条例》相配套的部门规章。2004年,《关于农民工参加工伤保险有关问题的通知》出台,2006年,《国务院关于解决农民工问题的若干意见》《关于实施农民工"平安计划"加快推进农民工参加工伤保险工作的通知》出台,要求用3年的时间,将建筑业、矿山等高风险行业的农民工纳入工伤保险制度中。2010年,国务院修订了《工伤保险条例》。2011年,《社会保险法》施行并在2018年进行了修订。

(2)法律法规体系

近年来,工伤保险工作以贯彻落实《社会保险法》和《工伤保险条例》为主线,完善政策,扩大覆盖面,提高保障能力和水平,各项工作取得明显进展。经过多年发展,工伤保险法律法规体系逐步完善如下:法律如《社会保险法》《中华人民共和国安全生产法》(以下简称《安全生产法》)等;行政法规和地方性法规,如《工伤保险条例》等;部门规章和地方政府规章,如《部分行业企业工伤保险费缴纳办法》等;有关的标准或管理办法,如《劳动能力鉴定 职工工伤与职业病致残等级》(GB/T 16180—2014)等。

党的十八大以来,我国工伤保险事业成绩斐然。工伤保险制度覆盖范围进一步扩大，统筹层次进一步提高，逐步实现省级统筹，"三位一体"制度体系进一步健全，一张保障职工安全的"防护网"已经形成。近年来，我国不断完善工伤保险制度和职业伤害保障政策举措，开展工伤预防试点工作，建立工伤康复平台，探索新就业形态就业人员职业伤害保障制度，群众获得感进一步提升。

📖 拓展阅读

> 回顾我国工伤保险的发展历程，从1951年出台《中华人民共和国劳动保险条例》到2003年出台《工伤保险条例》，工伤保险制度的建立和改革都与当时的社会经济发展状况紧密相连，尤其是与工业化快速发展、职业安全事故风险上升、工伤与职业病问题严重程度密切相关。总结我国工伤保险发展的历史经验，是为了更好地从我国国情出发，不断与时俱进，改革完善工伤保险制度，使之作为我国工业化、城镇化发展中"安全网"的功能得到有效发挥，促进实现健康中国的宏伟目标。

20. 工伤保险相关政策

近年来，我国出台了大量关于工伤保险的政策文件，旨在全面保障工伤职工的合法权益，为其提供必要的医疗和生活保障，同时注重工伤保险基金的可持续性和公平性。

为解决《工伤保险条例》实施过程中的若干问题，国务院及其相关部门出台了一些政策文件，如《关于实施〈工伤保险条例〉若干问题的意见》《人力资源社会保障部关于执行〈工伤保险条例〉若干问

题的意见》《人力资源社会保障部关于执行〈工伤保险条例〉若干问题的意见（二）》等。

（1）工伤保险参保

针对农民工、铁路企业、中央企业、事业单位、建筑业、各行业建筑项目、基层快递网点等参加工伤保险的问题，出台了相关政策文件，包括《关于农民工参加工伤保险有关问题的通知》《关于铁路企业参加工伤保险有关问题的通知》《关于贯彻〈安全生产许可证条例〉做好企业参加工伤保险有关工作的通知》《关于进一步做好中央企业工伤保险工作有关问题的通知》《关于进一步做好事业单位等参加工伤保险工作有关问题的通知》《人力资源社会保障部办公厅关于开展建筑业"同舟计划"——建筑业工伤保险专项扩面行动计划的通知》《人力资源社会保障部办公厅　国家邮政局办公室关于推进基层快递网点优先参加工伤保险工作的通知》等。

（2）工伤保险费率

针对降低社会保险费率、加强基金管理、落实《降低社会保险费率综合方案》、社会保险缴费、阶段性降低工伤保险费率等相关问题，出台了相关政策文件，包括《国务院办公厅关于印发降低社会保险费率综合方案的通知》《人力资源社会保障部　财政部关于调整工伤保险费率政策的通知》《人力资源社会保障部　财政部关于做好工伤保险费率调整工作　进一步加强基金管理的指导意见》《人力资源社会保障部　财政部　税务总局　国家医保局关于贯彻落实〈降低社会保险费率综合方案〉的通知》《人力资源社会保障部　财政部　税务总局关于阶段性减免企业社会保险费的通知》《人力资源社会保障部办公厅　国家税务总局办公厅关于特困行业阶段性实施缓缴企业社会保险费政策的通知》》《人力资源社会保障部　财政部　国家税务总局关于阶段性降低失业保险、工伤保险费率有关问题的通知》等。

（3）基金统筹

针对推进工伤保险市级、省级统筹等相关问题，出台了相关政策文件，包括《关于推进工伤保险市级统筹有关问题的通知》《人力资源社会保障部办公厅关于加快推进工伤保险基金省级统筹工作的通知》等。

（4）工伤认定与劳动能力鉴定

针对工伤认定、劳动能力鉴定等相关问题，出台了相关政策文件，包括《关于印发〈职工非因工伤残或因病丧失劳动能力程度鉴定标准（试行）〉的通知》《人力资源和社会保障部办公厅关于工伤保险有关规定处理意见的函》《关于推进工伤认定和劳动能力鉴定便民化服务工作的通知》等。

（5）工伤保险待遇

针对老工伤人员纳入工伤保险、工伤保险待遇调整、尘肺病重点行业工伤保险、感染新型冠状病毒肺炎的相关工作人员的保障等相关问题，出台了相关政策文件，包括《人力资源和社会保障部关于做好老工伤人员纳入工伤保险统筹管理工作的通知》《人力资源社会保障部关于工伤保险待遇调整和确定机制的指导意见》《人力资源社会保障部　国家卫生健康委关于做好尘肺病重点行业工伤保险有关工作的通知》《人力资源社会保障部　财政部　国家卫生健康委关于因履行工作职责感染新型冠状病毒肺炎的医护及相关工作人员有关保障问题的通知》等。

（6）工伤康复

针对工伤保险辅助器具配置、设立区域性工伤康复示范平台等相关问题，出台了相关政策文件，包括《关于印发工伤保险辅助器具配置目录的通知》《人力资源社会保障部关于印发〈工伤康复服务项目（试行）〉和〈工伤康复服务规范（试行）〉（修订版）的通知》《人力资源社会保障部办公厅关于设立公布第一批区域性工伤康复示范平台名单有关问题的通知》等。

（7）工伤预防

针对工伤预防试点、工伤预防费使用管理、工伤预防行动计划、工伤预防能力提升等相关问题，出台了相关政策文件，包括《关于开展工伤预防试点有关问题的通知》《人力资源社会保障部关于进一步做好工伤预防试点工作的通知》《人力资源社会保障部　财政部　国家卫生计生委　国家安全监管总局关于印发工伤预防费使用管理暂行办法的通知》《人力资源社会保障部　工业和信息化部　财政部　住

33

房城乡建设部 交通运输部 国家卫生健康委员会 应急部 中华全国总工会关于印发工伤预防五年行动计划（2021—2025）的通知》《人力资源社会保障部 应急管理部关于实施危险化学品企业工伤预防能力提升培训工程的通知》等。

（8）工伤保险经办

针对工伤保险医疗服务协议管理、社会保险费征收、取消部分规范性文件设定的证明材料、深入实施"人社服务快办行动"等相关问题，出台了相关政策文件，包括《关于加强工伤保险医疗服务协议管理工作的通知》《人力资源社会保障部办公厅关于贯彻落实国务院常务会议精神切实做好稳定社保费征收工作的紧急通知》《人力资源社会保障部关于取消部分规范性文件设定的证明材料的决定》《人力资源社会保障部关于深入实施"人社服务快办行动"的通知》等。

（9）监督管理

针对社会保险基金要情报告、加强工伤医疗管理服务、加强工伤保险基金管理等相关问题，出台了相关政策文件，包括《人力资源社会保障部关于印发社会保险基金要情报告制度的通知》《人力资源社会保障部关于进一步加强工伤医疗管理服务工作有关问题的通知》《人力资源社会保障部办公厅关于进一步加强工伤保险基金管理有关工作的通知》等。

21. 工伤保险相关法律

与工伤保险相关的法律有《社会保险法》《职业病防治法》《安全生产法》《中华人民共和国劳动合同法》（以下简称《劳动合

同法》)、《中华人民共和国劳动争议调解仲裁法》(以下简称《劳动争议调解仲裁法》)、《劳动法》《中华人民共和国工会法》(以下简称《工会法》)等。

(1)《社会保险法》

《社会保险法》于 2010 年 10 月 28 日由第十一届全国人民代表大会常务委员会第十七次会议通过,根据 2018 年 12 月 29 日第十三届全国人民代表大会常务委员会第七次会议《关于修改〈中华人民共和国社会保险法〉的决定》修正。《社会保险法》的立法宗旨是规范社会保险关系,维护公民参加社会保险和享受社会保险待遇的合法权益,使公民共享发展成果,促进社会和谐稳定。其主要内容包括总则、基本养老保险、基本医疗保险、工伤保险、失业保险、生育保险、社会保险费征缴、社会保险基金、社会保险经办等,自 2011 年 7 月 1 日起施行。

(2)《职业病防治法》

《职业病防治法》于 2001 年 10 月 27 日由第九届全国人民代表大会常务委员会第二十四次会议通过,根据 2018 年 12 月 29 日第十三届全国人民代表大会常务委员会第七次会议《关于修改〈中华人民共和国劳动法〉等七部法律的决定》第四次修正。《职业病防治法》的立法宗旨是预防、控制和消除职业病危害,防治职业病,保护劳动者健康及其相关权益,促进经济社会发展。其主要内容包括总则、前期预防、劳动过程中的防护与管理、职业病诊断与职业病病人保障、监督检查、法律责任等,自 2002 年 5 月 1 日起施行。

(3)《安全生产法》

《安全生产法》于 2002 年 6 月 29 日由第九届全国人民代表大会

常务委员会第二十八次会议通过，根据2021年6月10日第十三届全国人民代表大会常务委员会第二十九次会议《关于修改〈中华人民共和国安全生产法〉的决定》第三次修正。《安全生产法》的立法宗旨是加强安全生产工作，防止和减少生产安全事故，保障人民群众生命和财产安全，促进经济社会持续健康发展。其主要内容包括总则、生产经营单位的安全生产保障、从业人员的安全生产权利义务、安全生产的监督管理、生产安全事故的应急救援与调查处理、法律责任等，自2002年11月1日起施行。

（4）《劳动合同法》

《劳动合同法》于2007年6月29日由第十届全国人民代表大会常务委员会第二十八次会议通过，根据2012年12月28日第十一届全国人民代表大会常务委员会第三十次会议《关于修改〈中华人民共和国劳动合同法〉的决定》修正。《劳动合同法》的立法宗旨是完善劳动合同制度，明确劳动合同双方当事人的权利和义务，保护劳动者的合法权益，构建和发展和谐稳定的劳动关系。其主要内容包括总则、劳动合同的订立、劳动合同的履行和变更、劳动合同的解除和终止、特别规定、监督检查、法律责任等，自2008年1月1日起施行。

（5）《劳动争议调解仲裁法》

《劳动争议调解仲裁法》于2007年12月29日由第十届全国人民代表大会常务委员会第三十一次会议通过。《劳动争议调解仲裁法》的立法宗旨是公正及时解决劳动争议，保护当事人合法权益，促进劳动关系和谐稳定。其主要内容包括总则、调解、仲裁、附则等，该法自2008年5月1日起施行。

(6)《劳动法》

《劳动法》于 1994 年 7 月 5 日由第八届全国人民代表大会常务委员会第八次会议通过,根据 2018 年 12 月 29 日第十三届全国人民代表大会常务委员会第七次会议《关于修改〈中华人民共和国劳动法〉等七部法律的决定》第二次修正。《劳动法》的立法宗旨是保护劳动者的合法权益,调整劳动关系,建立和维护适应社会主义市场经济的劳动制度,促进经济发展和社会进步。其主要内容包括总则、促进就业、劳动合同和集体合同、工作时间和休息休假、工资、劳动安全卫生、女职工和未成年工特殊保护等,自 1995 年 1 月 1 日起施行。

(7)《工会法》

《工会法》于 1992 年 4 月 3 日由第七届全国人民代表大会第五次会议通过,根据 2021 年 12 月 24 日第十三届全国人民代表大会常务委员会第三十二次会议《关于修改〈中华人民共和国工会法〉的决定》第三次修正。《工会法》的立法宗旨是保障工会在国家政治、经济和社会生活中的地位,确定工会的权利与义务,发挥工会在社会主义现代化建设事业中的作用。其主要内容包括总则、工会组织、工会的权利和义务、基层工会组织、工会的经费和财产、法律责任等,自 1992 年 4 月 3 日起施行。

 拓展阅读

工伤保险是伴随工业化的进程而产生并发展起来的,是工业化社会的产物。1884 年 7 月 6 日,世界上第一部工伤保险法在德国诞生。之后,西方主要工业化国家相继进行了本国工伤保险的立法。

22. 工伤保险相关法规

工伤保险相关法规有《工伤保险条例》《社会保险经办条例》《使用有毒物品作业场所劳动保护条例》《社会保险费征缴暂行条例》《劳动保障监察条例》等。

（1）《工伤保险条例》

《工伤保险条例》于2003年4月27日由中华人民共和国国务院令第375号公布，根据2010年12月20日《国务院关于修改〈工伤保险条例〉的决定》修订。《工伤保险条例》的立法宗旨是保障因工作遭受事故伤害或者患职业病的职工获得医疗救治和经济补偿，促进工伤预防和职业康复，分散用人单位的工伤风险。其主要内容包括总则、工伤保险基金、工伤认定、劳动能力鉴定、工伤保险待遇等，自2004年1月1日起施行。

（2）《社会保险经办条例》

《社会保险经办条例》于2023年8月16日由中华人民共和国国务院令第765号公布。《社会保险经办条例》的立法宗旨是规范社会保险经办，优化社会保险服务，保障社会保险基金安全，维护用人单位和个人的合法权益，促进社会公平。其主要内容包括总则、社会保险登记和关系转移、社会保险待遇核定和支付、社会保险经办服务和管理、社会保险经办监督等，自2023年12月1日起施行。

（3）《使用有毒物品作业场所劳动保护条例》

《使用有毒物品作业场所劳动保护条例》于2002年5月12日由中华人民共和国国务院令第352号公布，根据2024年12月6日《国务院关于修改和废止部分行政法规的决定》修订。《使用有毒物品作业场所劳动保护条例》的立法宗旨是保证作业场所安全使用有毒物品，预防、控制和消除职业中毒危害，保护劳动者的生命安全、身体健康及其相关权益。其主要内容包括总则、作业场所的预防措施、劳动过程的防护、职业健康监护、劳动者的权利与义务等，自2002年5月12日起施行。

（4）《社会保险费征缴暂行条例》

《社会保险费征缴暂行条例》于1999年1月22日由中华人民共和国国务院令第259号公布，根据2019年3月24日《国务院关于修改部分行政法规的决定》修订。《社会保险费征缴暂行条例》的立法宗旨是加强和规范社会保险费征缴工作，保障社会保险金的发放。其主要内容包括总则、征缴管理、监督检查等多项内容，自1999年1月22日起施行。

（5）《劳动保障监察条例》

《劳动保障监察条例》于2004年11月1日由中华人民共和国国务院令第423号公布。《劳动保障监察条例》的立法宗旨是贯彻实施劳动和社会保障法律、法规和规章，规范劳动保障监察工作，维护劳动者的合法权益。其主要内容包括总则、劳动保障监察职责、劳动保障监察的实施等，自2004年12月1日起施行。

23. 工伤保险相关规章制度

工伤保险相关规章制度有《部分行业企业工伤保险费缴纳办法》《职业病分类和目录》《工伤职工劳动能力鉴定管理办法》《因工死亡职工供养亲属范围规定》《非法用工单位伤亡人员一次性赔偿办法》

《工伤认定办法》《社会保险基金先行支付暂行办法》《工伤保险辅助器具配置管理办法》《社会保险个人权益记录管理办法》《社会保险基金行政监督办法》等。

（1）《部分行业企业工伤保险费缴纳办法》

《部分行业企业工伤保险费缴纳办法》于 2010 年 12 月 31 日由中华人民共和国人力资源和社会保障部令第 10 号公布。制定《部分行业企业工伤保险费缴纳办法》的目的是针对建筑、服务、矿山等行业中难以按照工资总额缴纳工伤保险费的建筑施工企业、小型服务企业、小型矿山企业等，规定其缴纳工伤保险费的具体方式办法。该办法自 2011 年 1 月 1 日起施行。

（2）《职业病分类和目录》

2024 年 12 月 11 日，根据《职业病防治法》有关规定，国家卫生健康委、人力资源社会保障部、国家疾控局、全国总工会联合组织对职业病的分类和目录进行了调整。调整后的《职业病分类和目录》自

2025年8月1日起实施。《职业病分类和目录》将职业病分为12类，分别为职业性尘肺病及其他呼吸系统疾病、职业性皮肤病、职业性眼病、职业性耳鼻喉口腔疾病、职业性化学中毒、物理因素所致职业病、职业性放射性疾病、职业性传染病、职业性肿瘤、职业性肌肉骨骼疾病、职业性精神和行为障碍、其他职业病。

（3）《劳动能力鉴定管理办法》

《劳动能力鉴定管理办法》于2025年5月13日由中华人民共和国人力资源和社会保障部、中华人民共和国国家卫生和健康委员会令第55号公布，自2025年7月1日起施行。制定《劳动能力鉴定管理办法》是为了加强劳动能力鉴定管理，规范劳动能力鉴定程序。该办法包括总则、鉴定程序、监督管理等多项内容。

（4）《因工死亡职工供养亲属范围规定》

《因工死亡职工供养亲属范围规定》于2003年9月23日由中华人民共和国劳动和社会保障部令第18号公布。制定《因工死亡职工供养亲属范围规定》是为了明确因工死亡职工供养亲属范围。其中规定，因工死亡职工供养亲属是指该职工的配偶、子女、父母、祖父母、外祖父母、孙子女、外孙子女、兄弟姐妹。该规定自2004年1月1日起施行。

（5）《非法用工单位伤亡人员一次性赔偿办法》

《非法用工单位伤亡人员一次性赔偿办法》于2010年12月31日由中华人民共和国人力资源和社会保障部令第9号公布。《非法用工单位伤亡人员一次性赔偿办法》中规定，非法用工单位伤亡人员是指无营业执照或者未经依法登记、备案的单位以及被依法吊销营业执照或者撤销登记、备案的单位受到事故伤害或者患职业病的职工，或者用人单位使用童工造成的伤残、死亡童工。上述单位必须按照《非法用工单位伤亡人员一次性赔偿办法》向伤残职工或者死亡职工的近亲属、伤残童工或者死亡童工的近亲属给予一次性赔偿。该办法自2011年1月1日起施行。

（6）《工伤认定办法》

《工伤认定办法》于2010年12月31日由中华人民共和国人力资源和社会保障部令第8号公布。制定《工伤认定办法》是为了规范工伤认定程序，依法进行工伤认定，维护当事人的合法权益。该办法自2011年1月1日起施行。

（7）《社会保险基金先行支付暂行办法》

《社会保险基金先行支付暂行办法》于2011年6月29日由中华人民共和国人力资源和社会保障部令第15号公布，根据2018年12月14日《人力资源社会保障部关于修改部分规章的决定》修订。制定《社会保险基金先行支付暂行办法》是为了维护公民的社会保险合法权益，规范社会保险基金先行支付管理。该办法自2011年7月1日起施行。

（8）《工伤保险辅助器具配置管理办法》

《工伤保险辅助器具配置管理办法》于2016年2月16日由中华人民共和国人力资源和社会保障部、民政部、国家卫生和计划生育委员会令第27号公布，根据2018年12月14日《人力资源社会保障部关于修改部分规章的决定》修订。制定《工伤保险辅助器具配置管理办法》是为了规范工伤保险辅助器具配置管理，维护工伤职工的合法权益。该办法主要内容包括总则、确认与配置程序、管理与监督等，自2016年4月1日起施行。

（9）《社会保险个人权益记录管理办法》

《社会保险个人权益记录管理办法》于2011年6月29日由中华人民共和国人力资源和社会保障部令第14号公布。制定《社会保险个人权益记录管理办法》是为了维护参保人员的合法权益，规范社会保险个人权益记录管理。该办法主要内容包括总则、采集和审核、保管和维护、查询和使用、保密和安全管理等，自2011年7月1日起施行。

（10）《社会保险基金行政监督办法》

《社会保险基金行政监督办法》于2022年2月9日由中华人民共和国人力资源和社会保障部令第48号公布。制定《社会保险基金行政监督办法》是为了保障社会保险基金安全，规范和加强社会保险基金行政监督。该办法主要内容包括总则、监督职责、监督权限、监督实施等，自2022年3月18日起施行。

> **拓展阅读**
>
> 工伤保险制度建立后，工伤保险成为国家对劳动者履行的社会责任，同时成为劳动者依法享有的基本权利。工伤保险使劳动者的政治、社会和经济地位得到一定程度的提高，同时也在一定程度上缓解了工伤造成的社会矛盾，避免了劳资双方对立，有利于经济社会稳定发展，成为社会文明进步的标志之一。

24. 工伤保险相关标准规范

针对工伤保险，我国制定了多项相关标准规范，如《劳动能力鉴

定　职工工伤与职业病致残等级》（GB/T 16180—2014）、《职业病诊断通则》（GBZ/T 265—2014）、《个体防护装备配备规范　第1部分：总则》（GB 39800.1—2020）、《工伤保险经办服务规范》（LD/T 04—2021）、《社会保险网上经办服务指南》（LD/T 01—2020）、《企业职工伤亡事故经济损失统计标准》（GB 6721—1986）等。

（1）职业病防治的相关标准规范

1）《劳动能力鉴定　职工工伤与职业病致残等级》（GB/T 16180—2014）规定了职工工伤与职业病致残劳动能力鉴定原则和分级标准，适用于职工在职业活动中因工负伤和因职业病致残程度的鉴定。

2）《职业病诊断通则》（GBZ/T 265—2014）规定了职业病诊断的基本原则和通用要求，适用于指导国家公布的《职业病分类和目录》中职业病（包括开放性条款）的诊断，但不适用于职业性放射性疾病的诊断。

3）《个体防护装备配备规范　第1部分：总则》（GB 39800.1—2020）规定了个体防护装备（即劳动防护用品）配备的总体要求，包括配备原则、配备流程、作业场所危害因素的辨识和评估、个体防护装备的选择、追踪溯源、判废和更换、培训和使用等，适用于各用人单位个体防护装备的配备及管理，但不适用于各用人单位消防用个体防护装备的配备及管理。

（2）社会保险制度的相关标准规范

1）《工伤保险经办服务规范》（LD/T 04—2021）规定了工伤保险经办服务中参保缴费服务、工伤预防服务、工伤认定与劳动能力鉴定、协议机构管理和费用结算、工伤医疗服务、工伤康复服务、工伤辅助器具配置服务、个人工伤待遇审核与支付服务、基金管理、权益记录与档案查询服务、服务质量评价，以及主要业务表单（资料性附录）等内容，适用于包括各级社会保险经办机构为用人单位和个人提供的工伤保险经办服务，社会保险行政部门、行业协会、大型企业等在工伤保险经办服务部分环节的行为。

2）《社会保险网上经办服务指南》（LD/T 01—2020）规定了社会保险网上经办服务的术语和定义、基本原则、网上服务内容、网上服务管理、服务质量评价与改进，适用于各级社会保险经办机构、人力资源和社会保障信息化综合管理机构及经授权（委托）的服务机构，提供社会保险网上经办服务。

（3）企业安全事故的相关重要标准规范

《企业职工伤亡事故经济损失统计标准》（GB 6721—1986）规定了企业职工伤亡事故经济损失的统计范围、计算方法和评价指标。

> **拓展阅读**
>
> 　　初期工伤保险只覆盖了伤残事故的受害者，随着工业化进程的深入，所引发的各类职业病不断增加，职业病也被逐步纳入工伤保险范围。1906 年，英国通过的《职业补偿法修正案》最早将职业病纳入了工伤保险补偿范围。现在，世界各国的工伤保险制度都已将职业病包括在内。

第4章 认定、视同及不得认定为工伤的情形

25. 工作原因伤害相关情形

《工伤保险条例》第十四条第（一）项规定，在工作时间和工作场所内，因工作原因受到事故伤害的，应当认定为工伤。这是工伤概念的最基本含义，即"工伤"是由于工作直接或间接引起的伤害。

（1）该规定在工伤认定中的相关解释

1）关于"工作时间"。本条中的"工作时间"是指法律规定的或者用人单位要求职工工作的时间。1995年3月国务院颁布的《关于修改〈国务院关于职工工作时间的规定〉的决定》规定，劳动者每日工作时间不超过8小时，平均每周工作时间不超过40小时。这段时间就属于职工的工作时间。但是，如果用人单位在合法的前提下对其职工的工作时间有特殊要求，如对那些实行不定时工作制的职工来说，

用人单位确定的工作时间即属于该职工的工作时间。

此外,合法的加班期间以及用人单位违法延长工时的期间也属于职工的工作时间,职工在此期间受到事故伤害,属于应当认定为工伤情形的,应按规定将其认定为工伤。

2)关于"工作场所"。国际劳工组织《1981年职业安全和卫生及工作环境公约》(第155号)第3条规定,工作场所是指覆盖工人因工作而需在场或前往,并在雇主直接或间接控制之下的一切地点。也就是说,"工作场所"既包括用人单位能够对从事日常生产经营活动进行有效管理的区域,也包括职工为完成某项特定工作所涉及的用人单位以外的相关区域,还包括职工因工作来往于多个与其工作职责相关的工作场所之间的合理区域。对工作场所的理解要根据职工的工作职责、工作性质、工作需要以及工作纪律等方面综合考虑,不能过于狭隘。

3)关于"事故伤害"。本条中的"事故伤害"主要是指职工在工作过程中发生的人身伤害和急性中毒等事故伤害。例如，煤矿工人在瓦斯爆炸中受到的伤害，属于事故伤害。需要指出的是，在某些情况下，职工虽不在本岗位劳动，但由于用人单位的设施或设备不完善、劳动条件或劳动环境不良、管理不善等原因造成职工伤害的，也应当认定为工伤。例如，用人单位锅炉房的开水管安装不牢固，导致职工在打开水过程中被开水烫伤，职工的这种伤害也应认定为工伤。

（2）该规定中关于时空的争议处理

法律法规对"工作原因""工作场所""工作时间"（以下简称为"三工"）的规定较为原则化，具有较大的解释空间和较高的适应性，能够满足不断发展的实践需求，但也因此易产生分歧，容易导致标准不统一的问题发生。

1）职工在工作场所和工作时间内受到伤害，用人单位或者社会保险行政部门没有证据证明是非工作原因导致的。工伤认定的"三工"要素中，工作原因是核心要件，是认定工伤的充分条件。即使不在工作场所、工作时间，但只要是工作原因，同样应当认定为工伤。工作场所和工作时间在工伤认定中，一方面是补强工作原因，另一方面是在伤害原因无法查明时，用以推定是否属于工作原因。因此，在工作场所和工作时间内，没有证据证明是非工作原因导致职工伤亡的也应当认定为工伤。

2）在工作时间内，职工来往于多个与其工作职责相关的工作场所之间的合理区域因工受到伤害的。对工作场所的认定，既不宜过于宽泛也不宜过于狭隘。实践中将完成工作所应当经过或可能经过的区域确定为工作场所是比较合理的。这里所说的"为履行工作职责应当经过或可能经过的场所"是对工作场所的合理延伸，因其与工作职责有直接关联，应当认定为工作场所。因此，职工来往于多个与其工作职责相关的工作场所之间的合理区域因工受到伤害的，应当认定为工伤。

拓展阅读

> 依据《社会保险法》第三十六条、《工伤保险条例》第一条的有关规定，在工伤认定中，应当以工作原因为核心要件，工作时间、工作场所是辅助要件，是否属于工作原因无法查明时，可以工作时间、工作场所来认定。对于用人单位安排职工居家办公，有充分证据证明职工在工作时间确因工作原因受到事故伤害的，不应因在家工作而影响工伤认定。对于利用微信、电话、邮件等现代通信方式进行简单沟通，具有偶发性和临时性，未影响职工生活休息的，不应视为工作状态。

26. 工作时间前后的预备和收尾工作伤害相关情形

《工伤保险条例》第十四条第（二）项规定，工作时间前后在工作场所内，从事与工作有关的预备性或者收尾性工作受到事故伤害的，应当认定为工伤。该条款是对工作时间的进一步延伸，使职工权益得到了更全面保护。

（1）该规定在工伤认定中的相关解释

本条中的"与工作有关的预备性或者收尾性工作"主要是指，在法律规定的或者用人单位要求的工作时间开始之前的一段合理时间内，以及在法律规定的或者用人单位要求的工作时间结束之后的一段合理时间内，职工在工作场所内从事本职工作或者与领导指派的其他工作有关的准备工作。

（2）该规定关于"与工作有关的预备性或者收尾性工作"的实践情形

在实践中，与工作有关的预备性或者收尾性工作是指虽然并非职工工作本身，但根据法律法规、规章制度或者约定俗成的做法，职工为完成工作所做的准备或后续事务。收尾性工作的工作场所，也往往不仅局限于正常的工作场所，这就导致在进行工伤认定时，容易造成对收尾性工作认定事实和判断标准不一。在此类工伤认定案件中，对于职工所受伤害要结合是否处于工作时间前后、工作场所内，所做的工作是否与本职工作内容相关，是否服务于本职工作内容，是否属于为完成工作而进行的后续事务来综合判断。从事与工作有关收尾性工作受到的事故伤害，与职工从事的职业活动紧密相关。例如，甲是一名机床操作工，下班后从事清洗机床的收尾性工作，不慎被机床上掉下来的机器部件砸伤。按照规定，该职工被砸伤的情形，应当认定为工伤。

27. 意外伤害相关情形

《工伤保险条例》第十四条第（三）项规定，在工作时间和工作场所内，因履行工作职责受到暴力等意外伤害的，应当认定为工伤。适用该条款认定工伤需要同时满足"工作时间""工作场所""因履行工作职责受到暴力等意外伤害"3个构成要件。

（1）该规定在工伤认定中的相关解释

1）关于"工作时间"。本条中的"工作时间"是指法律规定的或者用人单位依法要求的职工应当工作的时间，以及在工作时间前后所做的预备性或收尾性工作所占据的时间。

2）关于"工作场所"。本条中的"工作场所"既应包括本单位内的工作场所，也应包括因工作需要或者领导指派到本单位以外去工作的工作场所。包括固定的工作区域和不确定的工作区域。

3）关于"因履行工作职责受到暴力等意外伤害的"。本条中的"因履行工作职责受到暴力等意外伤害的"有两层含义：一是指在工作时间和工作场所内,职工因履行工作职责而受到的暴力伤害;二是指在工作时间和工作场所内,职工履行工作职责期间意外因素导致的人身伤害。例如,在施工工地上因高处坠物受到伤害,无论从法理角度还是依据工伤保险的立法精神和原则,都应将其纳入工伤范围。

(2)该规定在执行中的判断

对于职工在工作时间和工作场所内受到暴力等意外伤害是否属于履行工作职责所致,应由社会保险行政部门根据具体情况作出判断。在工伤认定中,应对各方面情况进行综合分析,在排除非履行工作职责因素后,应当认定为工伤。

28. 职业病相关情形

《工伤保险条例》第十四条第(四)项规定,职工患职业病的,应当认定为工伤。职业病也是职业伤害的一种,《社会保险法》第三十六条规定,职工因工作原因受到事故伤害或者患职业病,且经工伤认定的,享受工伤保险待遇;其中,经劳动能力鉴定丧失劳动能力的,享受伤残待遇。

(1)职业病认定范围

《职业病防治法》第二条规定,本法所称职业病,是指企业、事业单位和个体经济组织等用人单位的劳动者在职业活动中,因接触粉尘、放射性物质和其他有毒、有害因素而引起的疾病。就《工伤保险条例》适用范围而言,这里所指的"患职业病"的情形,应该是在《工伤保险条例》覆盖范围内的所有用人单位的职工在职业活动中所患《职业病分类和目录》中规定的职业病。需要说明的是,如果某人患有《职业病分类和目录》中规定的某种疾病，但不是由于职业活动引起的，而是由于其居住地周边生产单位污染物排放或者是其他情况引起的，则不属于《工伤保险条例》中所称职业病。其所受到的伤害，应通过司法等途径加以解决，而不能按工伤保险的有关规定执行。

此外，针对离职后确诊职业病人员也可申请工伤认定这一情况，《人力资源社会保障部关于执行〈工伤保险条例〉若干问题的意见》第八项规定，曾经从事接触职业病危害作业、当时没有发现罹患职业病、离开工作岗位后被诊断或鉴定为职业病的符合下列条件的人员，可以自诊断、鉴定为职业病之日起一年内申请工伤认定，社会保险行政部门应当受理：1）办理退休手续后，未再从事接触职业病危害作业的退休人员；2）劳动或聘用合同期满后或者本人提出而解除劳动

或聘用合同后，未再从事接触职业病危害作业的人员。

（2）职业病诊断

工伤认定中的职业病诊断是一个综合性评估过程，关系工伤认定受理与调查核实，需全面考虑职业病诊断分析因素与职业病诊断原则。

1）职业病诊断分析因素。《职业病防治法》第四十六条规定，职业病诊断，应当综合分析下列因素：①病人的职业史；②职业病危害接触史和工作场所职业病危害因素情况；③临床表现以及辅助检查结果等。

2）职业病诊断原则。基于职业病危害因素种类的多样性、职业病危害因素对每个个体所产生的损害程度的差异性，以及职业病临床表现的复杂性等，职业病诊断必须遵循以下原则：①职业病诊断必须由取得医疗机构执业许可证的医疗卫生机构承担。②职业病诊断医师应当依法在职业病诊断机构备案的诊断项目范围内从事职业病诊断工作，不得从事超出其职业病诊断资格范围的职业病诊断工作；职业病诊断医师应当按照有关规定参加职业卫生、放射卫生、职业医学等领域的继续教育。③职业病诊断机构对上述所列因素依法进行综合分析后，没有证据否定职业病危害因素与患者临床表现之间的必然联系的，在排除其他疾病因素后应当诊断为职业病。

29. 因工外出的工作原因伤害相关情形

《工伤保险条例》第十四条第（五）项规定，职工因工外出期间，由于工作原因受到伤害或者发生事故下落不明的，应当认定为工伤。

职工因工外出已成为许多行业中不可或缺的一部分，职工在外出工作时也面临着各种风险。更好地理解工伤保险法律法规，可以促进对劳动者权益的有效保护，确保每一位因工受伤的职工都能得到应有的支持与救助。

（1）该规定在工伤认定中的相关解释

1）关于"因工外出"。该规定中的"因工外出"是指职工因工作原因需要到本单位以外从事与本职工作有关的工作，包括两种情况：一种是到本单位以外，但是还在本地范围内；一种是到本地区以外或境外。在第一种情况下，可以是受单位或领导指派，也可以是因职责需要自行到本单位以外的情形。在第二种情况下，则必须是受单位或领导指派的情形。职工因工外出期间受到的伤害包括事故伤害、暴力伤害和其他形式的伤害。

2）关于"发生事故下落不明的"。该规定中的"发生事故下落不明的"，是指因遭受安全事故、意外事故或者自然灾害等各种形式的事故而失去音讯的情形。在这种情形下，职工虽处于生死不确定的状态，但本着充分保护职工合法权益的基本精神，只要是在因工外出期间发生事故，造成职工下落不明的，就应当认定为工伤。

（2）判断是否因工作原因造成伤害的原则

职工因工外出期间受到伤害的情形十分复杂，判断是否因工作原因，应该掌握的原则是，没有证据否定职工因工外出期间受到的伤害与工作之间的必然联系的，在排除其他非工作原因后，应当认定为工作原因。《工伤保险条例》属于公法范畴，在公法领域行政主体必须依法行政。但是，对于行政管理相对人，没有相应证据证明其行为的，应当遵循有利于行政管理相对人的原则进行推定。具体到因工外出期间是否因工作原因受到的伤害，应遵循"因工作原因"推定原则，即没有证据证明不是因工作原因的，就应当认定为因工作原因。这样规定是为了更好地保护因工外出职工的合法权益。

值得注意的是，《工伤保险条例》所称的工伤既包括因工受伤，也包括因工死亡。

拓展阅读

> 社会保险行政部门认定下列情形为"因工外出期间"的，人民法院应予支持：
> （1）职工受用人单位指派或者因工作需要在工作场所以外从事与工作职责有关的活动期间；
> （2）职工受用人单位指派外出学习或者开会期间；
> （3）职工因工作需要的其他外出活动期间。
> 职工因工外出期间从事与工作或者受用人单位指派外出学习、开会无关的个人活动受到伤害，社会保险行政部门不认定为工伤的，人民法院应予支持。

30. 上下班途中交通事故伤害相关情形

《工伤保险条例》第十四条第（六）项规定，在上下班途中，受到非本人主要责任的交通事故或者城市轨道交通、客运轮渡、火车事故伤害的，应当认定为工伤。该规定中，对"上下班途中"的认定至少应当考虑以下3个要素：一是目的要素，即以上下班为目的；二是时间要素，即上下班时间是否合理；三是空间要素，即往返于工作地和居住地的路线是否合理。

（1）上下班途中交通事故工伤认定的相关限定

《工伤保险条例》在扩大工伤认定范围的同时，为了减少道德风险，对上下班途中事故的工伤认定作了适当限定。

1）交通事故，是指《中华人民共和国道路交通安全法》所称的在道路上发生的车辆交通事故。

2）发生事故后，需经交通管理部门作出"非本人主要责任"的认定。例如，因无证驾驶、驾驶无证车辆、饮酒后驾驶车辆、闯红灯等交通违法行为造成自身伤害，交通管理部门出具属于本人主要责任证明的，就不能认定为工伤。

3)对"上下班途中"的理解,应作"合理时间"和"合理路线"的限定。"上下班途中"包括职工按正常工作时间上下班的途中,以及职工加班加点后上下班的途中。例如,按规定职工上午8点上班,职工在8点前来到单位的途中,应属于上班途中。如果职工应该下午5点下班,但由于单位安排加班,职工晚上8点才从单位离开,则职工在8点后从单位回到家的途中,应属于下班途中。

(2)交通事故工伤赔偿

1)交通事故赔偿已给付了医疗费、丧葬费、护理费、残疾辅助器具费、误工工资的,用人单位或者工伤保险经办机构不再支付相应待遇(交通事故赔偿的误工工资相当于工伤津贴)。用人单位或者工伤保险经办机构先期垫付有关费用的,工伤职工或其近亲属获得交通事故赔偿后应当予以返还。

2)交通事故赔偿给付的死亡补偿费或者残疾生活补助费,已由伤亡职工或其近亲属领取的,工伤保险的一次性工亡补助金或者一次性伤残补助金不再发给。但交通事故赔偿给付的死亡补偿费或者残疾生活补助费低于工伤保险的一次性工亡补助金或者一次性伤残补助金的,由用人单位或者工伤保险经办机构补足差额部分。

3)职工因交通事故死亡或者致残的,除按照上述两项处理有关待遇外,其他的工伤保险待遇还可以按照规定享受。

4)由于交通肇事者逃逸或者其他原因,工伤职工不能获得交通事故赔偿的,用人单位或者工伤保险经办机构应当按照规定给予工伤保险待遇。

综上所述,如果职工在上下班途中发生交通事故,那么只要符合条件就可以按工伤进行处理,但前提是要有合法的证明材料和工伤认定书,这样在赔偿时可以同时获得交通事故赔偿和工伤赔偿,从而保障自己的权益。

 拓展阅读

> 对社会保险行政部门认定下列情形为"上下班途中"的,人民法院应予支持:
>
> (1)在合理时间内往返于工作地与住所地、经常居住地、单位宿舍的合理路线的上下班途中;
>
> (2)在合理时间内往返于工作地与配偶、父母、子女居住地的合理路线的上下班途中;
>
> (3)从事属于日常工作生活所需要的活动,且在合理时间和合理路线的上下班途中;
>
> (4)在合理时间内其他合理路线的上下班途中。

31. 应当认定为工伤的其他情形

《工伤保险条例》第十四条第(七)项规定,法律、行政法规规定应当认定为工伤的其他情形,应当认定为工伤。这一规定是为了使工伤范围的规定更科学、合理,使那些随着时间的推移应当纳入工伤的情形能够纳入,同时也为了与其他法律规定相衔接。

(1)最高人民法院司法解释中认定为工伤的4种情形

《最高人民法院关于审理工伤保险行政案件若干问题的规定》第四条规定,社会保险行政部门认定下列情形为工伤的,人民法院应予支持:

第 4 章 认定、视同及不得认定为工伤的情形

1）职工在工作时间和工作场所内受到伤害，用人单位或者社会保险行政部门没有证据证明是非工作原因导致的；

2）职工参加用人单位组织或者受用人单位指派参加其他单位组织的活动受到伤害的；

3）在工作时间内，职工来往于多个与其工作职责相关的工作场所之间的合理区域因工受到伤害的；

4）其他与履行工作职责相关，在工作时间及合理区域内受到伤害的。

（2）人力资源社会保障部规定可认定为工伤的两种情形

《人力资源社会保障部关于执行〈工伤保险条例〉若干问题的意见（二）》中明确以下两种情形可以认定为工伤并享受工伤保险待遇：

1）达到或超过法定退休年龄，但未办理退休手续或者未依法享受城镇职工基本养老保险待遇，继续在原用人单位工作期间受到事故伤害或患职业病的，用人单位依法承担工伤保险责任；

2）用人单位招用已经达到、超过法定退休年龄或已经领取城镇

职工基本养老保险待遇的人员，在用工期间因工作原因受到事故伤害或患职业病的，如招用单位已按项目参保等方式为其缴纳工伤保险费，应适用《工伤保险条例》。

（3）最高人民法院行政审判庭相关答复中认为可认定为工伤的5种情形

1)《最高人民法院行政审判庭关于职工外出学习休息期间受到他人伤害应否认定为工伤问题的答复》认为，职工受单位指派外出学习期间，在学习单位安排的休息场所休息时受到他人伤害的，应当认定为工伤。

2)《最高人民法院行政审判庭关于超过法定退休年龄的进城务工农民因工伤亡的，应否适用〈工伤保险条例〉请示的答复》认为，用人单位聘用的超过法定退休年龄的务工农民，在工作时间内、因工作原因伤亡的，应当适用《工伤保险条例》的有关规定进行工伤认定。

3)《最高人民法院行政审判庭关于离退休人员与现工作单位之间是否构成劳动关系以及工作时间内受伤是否适用〈工伤保险条例〉问题的答复》认为，根据《工伤保险条例》第二条、第六十一条等相关规定，离退休人员受聘于现工作单位，现工作单位已经为其缴纳了工伤保险费，其在受聘期间因工作受到事故伤害的，应当适用《工伤保险条例》的有关规定处理。

4)《最高人民法院行政审判庭关于车辆挂靠其他单位经营车辆实际所有人聘用的司机工作中伤亡能否认定为工伤问题的答复》认为，个人购买的车辆挂靠其他单位且以挂靠单位的名义对外经营的，其聘用的司机与挂靠单位之间形成了事实劳动关系，在车辆运营中伤亡的，应当适用《劳动法》和《工伤保险条例》的有关规定认定是否构成工伤。

5)《最高人民法院行政审判庭关于职工因公外出期间死因不明应否认定工伤的答复》认为，职工因公外出期间死因不明，用人单位或者社会保障部门提供的证据不能排除非工作原因导致死亡的，应当依据《工伤保险条例》第十四条第（五）项和第十九条第二款的规定，认定为工伤。

32. 突发疾病相关情形

《工伤保险条例》第十五条第（一）项规定，在工作时间和工作岗位，突发疾病死亡或者在48小时之内经抢救无效死亡的，视同工伤。此处，视同工伤与应当认定为工伤没有区别，无论是视同工伤还是应当认定为工伤，都应按照《工伤保险条例》的规定享受工伤保险待遇。

（1）该规定在工伤认定中的相关解释

1）关于"工作时间"。"工作时间"是指法律规定的或者单位要求职工工作的时间，包括加班加点时间。

2）关于"工作岗位"。"工作岗位"是指职工日常所在的工作岗位和本单位领导指派所从事工作的岗位。

3）关于"突发疾病"。"突发疾病"是指上班期间突然发生的任何种类的疾病，实际情况中，一般多为心脏病、脑出血、心肌梗死等突发性疾病。

4）关于"48小时之内"。"48小时之内"应从医疗机构的初次抢救时间开始计算，因为职工突发疾病是否死亡应以医疗机构出具的死亡诊断证明为依据。

（2）职工突发疾病死亡认定工伤的条件

根据上述规定，职工突发疾病死亡的，如认定为工伤，需要同时具备以下3个条件。

1）职工在工作时间内发病。这里的"工作时间"既包括用人单位规定的正常工作时间，也包括职工加班加点的工作时间。而疾病的诱因可能是工作原因，如工作劳累或工作紧张，也可能是非工作原因，如职工身体健康方面存在问题。

2）发病时正在工作岗位上。一般工伤的区域为"工作场所内"，而工作场所是有一定区域范围的，其空间范围显然要比"在工作岗位上"的空间范围大。突发疾病死亡认定工亡的情形中，"在工作岗位上"一般是指职工提供劳动义务的工位或办公室，且职工正在准备提供劳动义务或处于提供劳动义务的状态。

3）突发疾病的结果为死亡或48小时之内经抢救无效而死亡。职

第 4 章 认定、视同及不得认定为工伤的情形

工突发疾病后，可能出现的情况：一是经过一定时间治疗休息后康复；二是某一器官或组织出现功能性障碍；三是全身瘫痪；四是突发疾病后死亡。一般的工伤认定须遵从"三工"原则，即"工作时间、工作岗位、因工作原因伤亡"。只要符合这3个条件，无论职工伤亡结果如何，都应当认定为工伤。但是，"突发疾病"一般属于职工自身健康原因所致，与"工作"没有直接关联，所以职工突发疾病造成死亡的才能视同工伤。

拓展阅读

实践中，职工在依据《工伤保险条例》第十五条第（一）项相关规定申请工伤认定时，对于以下问题需要加以注意，避免产生误解。

（1）"突发疾病"有规定

疾病本不属于工伤的保护范畴，但为更大限度地保障职工权益，将《工伤保险条例》第十四条规定的职业病以外的其他疾病包含其中，包括各类疾病，司法实践中常见的疾病多为心脏病、脑出血、心肌梗死等突发性疾病。突发疾病认定工伤的结果条件为死亡，包括当即死亡和48小时内经抢救无效而死亡两种情形，由此亦排除了突发疾病治愈出院、抢救超过48小时后死亡或突发疾病后回家休息未就医导致死亡等情形。

（2）"48小时"有限制

"48小时之内"是指从医疗机构的初次诊断时间到职工死亡时间不超过48小时。医疗机构的初次诊断体现在急救车中的急救记录。由此可见，该条视同工伤的情形仍强调应在突发疾病后第一

65

时间就医,避免对因突发疾病视同工伤的过度扩大解释,规范工伤保险救济。

33. 维护国家利益、公共利益而受伤相关情形

《工伤保险条例》第十五条第(二)项规定,在抢险救灾等维护国家利益、公共利益活动中受到伤害的,视同工伤,并按照本条例的有关规定享受工伤保险待遇。这一情形认定为工伤,是因为职工参与抢险救灾等维护国家利益、公共利益活动的行为,虽然可能与本职工作没有直接关系,但这种行为应该得到国家和社会的提倡与保护,职工由此受到的伤害应该得到相应补偿。

该规定中"维护国家利益、公共利益活动",是指职工在国家利益或者社会公共利益受到威胁时,有组织或者自发实施的、旨在阻止或者减少这种威胁及其可能造成的损失的行为。《工伤保险条例》列举了"抢险救灾"的情形,凡是与抢险救灾性质类似的行为,都应当认定为属于维护国家利益和公共利益的行为。这样规定也与国际劳工公约的规定相衔接。国际劳工组织《1964年工伤事故津贴建议书》(第121号)第3条第1款规定,各会员国应在必要时,将有关工伤及职业病津贴的法律实施范围逐步扩大到某些不领取工资的劳动者;承担抢险救灾或维护秩序与法律任务的志愿人员;其他从事公益活动或参与公民义务事业的人员,例如自愿协助公共部门、社会部门或医疗部门的人员。

需要强调的是,职工在抢险救灾等维护国家利益、公共利益活动

第 4 章　认定、视同及不得认定为工伤的情形

中受到伤害的情形下，工伤认定不受工作时间、工作地点、工作原因等条件限制。

 疑难解答

职工见义勇为受伤，可以视同工伤吗？

案例：公交车内发生一起暴力抢劫行为，小李见义勇为，勇斗歹徒，却身负重伤。在司机和其他乘客的协助下，歹徒被制服并移送公安机关。小李的见义勇为行为受到表彰，当地人力资源社会保障部门作出工伤认定决定。但小李所在公司不认可他为工伤，以其在非工作时间、非工作地点致伤为由提出质疑，申请行政复议。经审理，复议机关维持了当地人力资源社会保障部门作出的工伤认定决定。

法律依据：《工伤保险条例》第十五条第（二）项规定，在抢险救灾等维护国家利益、公共利益活动中受到伤害的，视同工伤。职工视同工伤的，按照本条例的有关规定享受工伤保险待遇。

判决分析：《工伤保险条例》第十五条第（二）项规定并未要求职工必须在工作时间、工作地点，更未要求必须是在职责范围内，只要职工是为了维护国家利益或者公共利益而受到伤害的，即应当视同工伤。见义勇为是指为了保护国家、集体利益或者他人的人身财产安全，不顾个人安危与正在发生的违法犯罪行为作斗争的行为或者抢险救灾的行为。见义勇为的主体为非负法定职责或者义务的自然人，所保护的客体为国家利益、集体利益或他人的人身财产安全。见义勇为的主观方面在于积极主动、不顾个人安危，客观方面表现为在国家、集体利益或者他人的人身财产

67

安全正在遭受侵害时，义无反顾地与危害行为或者自然灾害进行斗争的行为。

根据见义勇为的法律特征可知，见义勇为属于《工伤保险条例》第十五条第（二）项规定的维护国家利益、公共利益活动。因此，职工因见义勇为而受到伤害的，应视同工伤。

34. 退役军人旧伤复发相关情形

《工伤保险条例》第十五条第（三）项规定，职工原在军队服役，因战、因公负伤致残，已取得革命伤残军人证，到用人单位后旧伤复发的，视同工伤，按照本条例有关规定享受除一次性伤残补助金以外的工伤保险待遇。

这是因为，一次性伤残补助金是对工伤职工伤残的一次性补偿，职工原在军队服役期间，因公负伤致残后，当时已经按照军队的有关规定享受了各项待遇，包括一次性待遇。职工原在军队享受的一次性待遇，性质上与《工伤保险条例》中的一次性伤残补助金等同，因此不应再重复享受。工伤保险基金应该支付的是伤残军人旧伤复发后新发生的费用及相应的长期性待遇。本条中"旧伤复发"的确认应由协议医疗机构出具相应的医疗诊断，并由具有认定权的社会保险行政部门进行确认。

《军人抚恤优待条例》第四十四条规定，国家对一级至六级残疾军人的医疗费用按照规定予以保障，其中参加工伤保险的一级至六级残疾军人旧伤复发的医疗费用，由工伤保险基金支付。七级至十级残疾军人旧伤复发的医疗费用，已经参加工伤保险的，由工伤保险基金支付；未参加工伤保险，有工作单位的由工作单位解决，没有工作单位的由当地县级以上地方人民政府负责解决。七级至十级残疾军人旧伤复发以外的医疗费用，未参加医疗保险且本人支付有困难的，由当地县级以上地方人民政府酌情给予补助。

此外，《残疾退役军人医疗保障办法》第九条规定，因战因公致残的残疾退役军人旧伤复发的医疗费用，参加工伤保险并依法认定为工伤的，按照《工伤保险条例》的有关规定解决。未参加工伤保险但医疗费用符合工伤保险诊疗项目目录、工伤保险药品目录、工伤保险住院服务标准的，有工作的由工作单位解决；所在单位无力支付和无工作单位的，从优抚对象医疗补助资金中解决。因战因公致残的残疾退役军人旧伤复发，由其户籍所在地设区的市级以上人民政府退役军人事务部门组织医疗卫生专家小组进行确认，医疗卫生专家小组出具旧伤复发医学鉴定意见。因战因公致残残疾退役军人取得旧伤复发医学鉴定意见后，有工作单位的依据《工伤保险条例》相关规定申请工伤认定，无工作单位的按规定申请优抚对象医疗补助。

❓ 疑难解答

退役军人在单位旧伤复发，算工伤吗？

案情：冯某退役后成为一名车间工人。某日，他在准备抬起一件重物时，突然感到肩膀疼痛，使不上劲儿，重物掉在地上。其他同事赶忙将冯某送往医院。

经医生检查，冯某是左肩胛骨骨折。医生经询问得知，冯某是一名退役军人，之前在部队执行任务时在同一部位负过伤。冯某提出工伤认定申请，社会保险行政部门认定其为工伤。冯某所在单位不服，向法院提起诉讼，要求撤销工伤认定。

冯某所在单位认为，冯某是在工作中因为自己不小心受伤的，不应认定为工伤。社会保险行政部门认为，冯某在军队服役时因公负伤致残，已取得残疾军人证，到用人单位后旧伤复发，事实清楚，证据充分，根据《工伤保险条例》第十五条第（三）项的规定，应当认定为工伤。

法律依据：《工伤保险条例》第十五条第（三）项规定，职工原在军队服役，因战、因公负伤致残，已取得革命伤残军人证，到用人单位后旧伤复发的，视同工伤。

综上所述，当地社会保险行政部门的工伤认定符合法律规定，法院维持了社会保险行政部门的认定结论。

35. 故意犯罪相关情形

《工伤保险条例》第十六条第（一）项规定，职工符合本条例第十四条、第十五条的规定，但是有故意犯罪情形的，不得认定为工伤或者视同工伤。当伤害涉及故意犯罪情形时，不仅涉及刑事责任的追究，还关系到工伤的认定。为明确界定工伤认定中的故意伤害情形，我国制定了一系列法律法规。

《刑法》第十三条规定，一切危害国家主权、领土完整和安全，分裂国家、颠覆人民民主专政的政权和推翻社会主义制度，破坏社会秩序和经济秩序，侵犯国有财产或者劳动群众集体所有的财产，侵犯公民私人所有的财产，侵犯公民的人身权利、民主权利和其他权利，以及其他危害社会的行为，依照法律应当受刑罚处罚的，都是犯罪。

犯罪具有以下3个特征：一是社会危害性；二是刑事违法性；三是应受惩罚性。

但并不是所有因犯罪造成的伤亡都不是工伤，只有故意犯罪造成的伤亡才不认定为工伤。《刑法》第十四条规定，明知自己的行为会发生危害社会的结果，并且希望或者放任这种结果发生，因而构成犯罪的，是故意犯罪。"故意犯罪"的认定，应当以刑事侦查机关、检察机关和审判机关的生效法律文书或者结论性意见为依据。需要特别注意的是，过失犯罪导致的伤亡不影响工伤认定，如交通肇事罪、重大责任事故罪。总之，职工故意犯罪造成自身伤亡的，应由职工本人承担相应的法律后果。

36. 醉酒或吸毒相关情形

《工伤保险条例》第十六条第（二）项规定，职工符合本条例第十四条、第十五条的规定，但是有醉酒或吸毒情形的，不得认定为工伤或者视同工伤。当伤害与职工的个人行为，特别是醉酒或吸毒有关时，工伤认定的复杂性显著增加。法律将因醉酒导致伤亡的情形排除在工伤认定的范围之外，主要是考虑国家的一些法律规定禁止醉酒后工作、驾车等，因此，醉酒导致行为失去控制而引发的各种事故不能作为工伤处理，这样规定也是为了在一定程度上控制职工醉酒后工作，减少工伤事故的发生。

因醉酒导致的伤亡是指职工饮用含有酒精的饮料达到醉酒状态，在酒精作用期间从事工作受到事故伤害而导致伤亡。职工在工作时因醉酒导致行为失控而对自己造成的伤害，不能认定为工伤。对于醉酒，应依据行为人体内酒精含量的检测结果作出认定，如发现行为人体内酒精含量达到或者超过一定标准，就应认定为醉酒。对于醉酒的认定，可参照国家标准《车辆驾驶人员血液、呼气酒精含量阈值与检验》（GB 19522—2024）。该标准规定，车辆驾驶人员血液酒精含量阈值大于等于 20 毫克 /100 毫升、小于 80 毫克 /100 毫升的行为属于饮酒后驾车，含量大于等于 80 毫克 /100 毫升的行为属于醉酒驾车。

鉴于此，在适用"醉酒排除事由"时，除要符合一般工伤认定要件外，还应符合以下 4 个特殊要件：一是职工应达到醉酒状态，即参照车辆驾驶人员的检测标准认定为醉酒；二是关于"醉酒"的认定应以相关第三方权威部门依法出具的结论为依据，如公安机关出具的事故责任认定书、酒精含量检测报告、医疗机构的诊断报告、已生效的人民法院判决书等；三是职工伤亡与醉酒之间存在因果关系；四是由用人单位对职工是否醉酒进行举证。只有以上要件同时成就时，方可适用"醉酒排除事由"排除工伤认定。

《社会保险法》将吸毒排除在工伤认定范围之外。为了与之相衔接，《工伤保险条例》增加了相关规定，吸毒造成本人伤亡的，不得认定为工伤。在医学上，吸毒多被称为药物依赖和药物滥用。吸毒后，人的控制力会降低。因此，职工在工作时因吸毒导致行为失控而对自己造成的伤害，不能认定为工伤。

37. 自残或自杀相关情形

《工伤保险条例》第十六条第（三）项规定，职工符合本条例第十四条、第十五条的规定，但是有自残或自杀情形的，不得认定为工伤或者视同工伤。工伤认定遵循补偿因工作致害、分摊职业风险的要义，旨在保护职工合法权益，使其于履行工作职责途中遭遇意外、罹患职业病等状况时获得应有的保障。然而，自残与自杀相关情形有时会造成工伤认定的误判。

自残或自杀情形导致的职工本人在工作中受到伤害，具有主观故意性，其后果应由行为人自己承担，不属于工伤保险范围。但也要认识到，工伤保险实行无责任补偿原则，职工在发生工伤事故时，无论本人在事故中有无责任，都应得到必要的经济补偿，享受工伤保险待遇。

> **拓展阅读**
>
> 排除认定工伤的情形，是指职工虽然在工作中伤亡，但其伤亡与工作不具有因果关系，因而不能纳入工伤范畴。
>
> 自残，是指行为人伤害自己的身体并造成伤害结果的行为。
>
> 自杀，是指行为人通过各种方法和手段结束自己生命的行为。

第5章 工伤认定申请

38. 工伤认定申请的主体与时限

为确保工伤认定申请的及时性和有效性，保障工伤职工及其家属的权益，《工伤保险条例》和《工伤认定办法》对申请工伤认定的主体与时限作出了明确规定。

（1）工伤认定申请的主体

1）职工所在单位。工伤保险遵循的是雇主责任原则，在工伤保险方面雇主依法承担了主体责任和义务。职工发生事故伤害或者按照《职业病防治法》规定被诊断、鉴定为职业病，所在单位应当在规定时限内向统筹地区社会保险行政部门提出工伤认定申请。

2）工伤职工或者其近亲属，以及工伤职工所在单位的工会组织。申请工伤认定是工伤职工的一项基本权利，是工伤职工获得工伤保险待遇的前提。用人单位未在规定时限内提出工伤认定申请的，工伤职工或者其近亲属、工伤职工所在单位的工会组织在规定时限内，可以直接向用人单位所在地统筹地区社会保险行政部门提出工伤认定申请。

（2）工伤认定申请的时限

1）用人单位。对用人单位而言，工伤认定申请的时限一般为事故伤害发生之日或者由省级人民政府卫生健康行政部门指定的职业病诊断机构确诊为职业病之日起30日内；情况特殊的，经社会保险行政部门批准，可以适当延长。

2）工伤职工或者其近亲属，以及工伤职工所在单位的工会组织。对工伤职工或者其近亲属，以及工伤职工所在单位的工会组织来说，

工伤认定的申请时限为事故伤害发生之日或者被确诊为职业病之日起1年内。

> 为了督促用人单位及时向有关社会保险行政部门提出工伤认定申请,《工伤保险条例》明确规定,对用人单位未按规定的时限提交工伤认定申请的,在此期间发生符合本条例规定的工伤待遇等有关费用由该用人单位负担。

39. 工伤认定申请表

《工伤保险条例》第十八条第（一）项规定,提出工伤认定申请应当提交工伤认定申请表。通过申请表,社会保险行政部门对所在单位、受伤职工本人以及工伤事故或者职业病的现状、原因等基本事项能有一个简明、清楚的了解。

编号：

工伤认定申请表

申请人：

受伤害职工：

申请人与受伤害职工关系：

填表日期：　　年　　月　　日

职工姓名		性别	出生日期	年　月　日
身份证号码			联系电话	
家庭地址			邮政编码	
工作单位			联系电话	
单位地址			邮政编码	
职业、工种或工作岗位			参加工作时间	
事故时间、地点及主要原因			诊断时间	
受伤害部位			职业病名称	
接触职业病危害岗位			接触职业病危害时间	
受伤害经过简述（可附页）				
申请事项：				

申请人签字：
　　　年　　月　　日

用人单位意见：		
	经办人签字：	
	（公章）	
	年 月 日	
社会保险行政部门审查资料和受理意见	经办人签字：	
	年 月 日	
	负责人签字：	
	（公章）	
	年 月 日	
备注：		

填表说明：

1. 用钢笔或签字笔填写，字体工整清楚。

2. 申请人为用人单位的，在首页申请人处加盖单位公章。

3. 受伤害部位一栏填写受伤害的具体部位。

4. 诊断时间一栏，职业病者，按职业病确诊时间填写；受伤或死亡的，按初诊时间填写。

5. 受伤害经过简述，应写明事故发生的时间、地点，当时所从事的工作，受伤害的原因以及伤害部位和程度。职业病患者应写明在何单位从事何种有害作业，起止时间，确诊结果。

6. 申请人提出工伤认定申请时，应当提交受伤害职工的居民身份证；医疗机构出具的职工受伤害时初诊诊断证明书，或者依法承担职业病诊断的医疗机构出具的职业病诊断证明书（或者职业病诊断鉴定书）；职工受伤害或者诊断患职业病时与用人单位之间的劳动、聘用合同或者其他存在劳动、人事关系的证明。

有下列情形之一的，还应当分别提交相应证据。

（1）职工死亡的，提交死亡证明。

（2）在工作时间和工作场所内，因履行工作职责受到暴力等意外伤害的，提交公安部门的证明或者其他相关证明。

（3）因工外出期间，由于工作原因受到伤害或者发生事故下落不明的，提交公安部门的证明或者相关部门的证明。

（4）上下班途中，受到非本人主要责任的交通事故或者城市轨道交通、客运轮渡、火车事故伤害的，提交公安机关交通管理部门或者其他相关部门的证明。

（5）在工作时间和工作岗位，突发疾病死亡或者在48小时之内经抢救无效死亡的，提交医疗机构的抢救证明。

（6）在抢险救灾等维护国家利益、公共利益活动中受到伤害的，提交民政部门或者其他相关部门的证明。

（7）属于因战、因公负伤致残的转业、复员军人，旧伤复发的，提交《革命伤残军人证》及劳动能力鉴定机构对旧伤复发的确认。

7. 申请事项栏，应写明受伤害职工或者其近亲属、工会组织提出工伤认定申请并签字。

8. 用人单位意见栏，应签署是否同意申请工伤，所填情况是否属实，经办人签字并加盖单位公章。

9. 社会保险行政部门审查资料和受理意见栏，应填写补正材料或是否受理的意见。

10. 此表一式二份，社会保险行政部门、申请人各留存一份。

40. 与用人单位存在劳动关系的证明材料

劳动关系证明材料是社会保险行政部门确定对象资格的凭证。规范的劳动关系证明材料是劳动合同，它是职工与用人单位建立劳动关系的法定凭证。《工伤保险条例》第十八条第（二）项规定，提出工伤认定申请应当提交与用人单位存在劳动关系（包括事实劳动关系）的证明材料。职工在没有签订劳动合同的情况下，可以提供一些能够证明劳动关系存在的其他材料。

（1）用人单位招用时未订立书面劳动合同，但同时具备下列情形的，劳动关系成立：

1）用人单位和职工符合法律、法规规定的主体资格；

2）用人单位依法制定的各项劳动规章制度适用于职工，职工受用人单位的劳动管理，从事用人单位安排的有报酬的劳动；

3）职工提供的劳动是用人单位业务的组成部分。

（2）用人单位未与职工签订劳动合同，认定双方存在劳动关系时可参照下列凭证：

1）工资支付凭证或记录（职工工资发放花名册）、缴纳各项社会保险费的记录；

2）用人单位向职工发放的工作证、服务证等能够证明身份的证件；

3）职工填写的用人单位招工招聘登记表、报名表等招用记录；

4）考勤记录；

5）其他职工的证言等。

疑难解答

签了劳动合同，个人是否需要留存一份？

劳动合同是用人单位与劳动者之间确立劳动关系、明确双方权利和义务的书面协议。《劳动合同法》明确规定，建立劳动关系，应当订立书面劳动合同。劳动合同由用人单位与劳动者协商一致，并经用人单位与劳动者在劳动合同文本上签字或者盖章生效。劳动合同文本由用人单位和劳动者各执一份。用人单位未将劳动合同文本交付劳动者的，由劳动行政部门责令改正，给劳动者造成损害的,应当承担赔偿责任。

因此,用人单位应当将订立的劳动合同文本交付劳动者一份留存。用人单位如未将劳动合同文本交给劳动者留存,劳动者手中没有劳动合同文本,一旦发生纠纷,可能会增加劳动者维权难度。劳动者可以向用人单位提出要求,请其给自己一份劳动合同文本留存,如单位拒不提供,可以向当地劳动保障监察部门投诉,请其责令用人单位改正。

41. 医疗诊断证明或者职业病诊断证明书

《工伤保险条例》第十八条第(三)项规定,提出工伤认定申请应当提交医疗诊断证明或者职业病诊断证明书(或者职业病诊断鉴定书）。

医疗诊断证明是指由医疗单位依据病历等诊疗结果出具的具有法律效力的文件，用于确认职工的治疗诊断意见，反映职工的受伤情况。医疗诊断证明文件须由执业医师签字并加盖医院印章，作为有效的医学文件提交社会保险行政部门。

职业病诊断证明书是由职业病诊断机构对职工进行职业病诊断后出具的证明文件，应当由参与诊断的取得职业病诊断资格的执业医师签署并由诊断机构审核后盖章。

《国家卫生健康委办公厅关于进一步加强医学证明文件类医疗文书管理工作的通知》提出，对于国家或地方卫生健康行政部门尚没有统一制式规定的医疗文书，医疗机构应当按照文书种类制定本机构相关医疗文书的开具常规，统一文书格式，明确文书内容的基本规范或要求，在机构层面建立统一编号和留存备份机制。医疗文书填写内容应当具体、真实、合理、清楚、规范，符合本机构相关医疗文书的开具常规，并有相应的诊断治疗依据。

《职业病诊断与鉴定管理办法》第十九条规定，劳动者可以在用人单位所在地、本人户籍所在地或者经常居住地的职业病诊断机构进行职业病诊断。根据《职业病诊断与鉴定管理办法》相关规定，职业病诊断需要提供劳动者职业史和职业病危害接触史（包括在岗时间、工种、岗位、接触的职业病危害因素名称等）、劳动者职业健康检查结果、工作场所职业病危害因素检测结果，职业性放射性疾病诊断还需要个人剂量监测档案等资料。劳动者应当填写职业病诊断就诊登记表，并提供本人掌握的职业病诊断有关资料。

《职业病诊断与鉴定管理办法》第三十条规定，职业病诊断机构作出职业病诊断结论后，应当出具职业病诊断证明书。职业病诊断证明书应当由参与诊断的取得职业病诊断资格的执业医师签署。职业病诊断机构应当对职业病诊断医师签署的职业病诊断证明书进行审核，确认诊断的依据与结论符合有关法律法规、标准的要求，并在职业病诊断证明书上盖章。职业病诊断证明书的书写应当符合相关标准的要求。职业病诊断证明书一式五份，劳动者一份，用人单位所在地县级卫生健康主管部门一份，用人单位两份，诊断机构存档一份。职业病诊断证明书应当于出具之日起十五日内由职业病诊断机构送达劳动者、用人单位及用人单位所在地县级卫生健康主管部门。

需要注意的是，医疗机构或医疗卫生机构是否有资质出具职业病诊断书应符合《职业病诊断与鉴定管理办法》第八条规定，医疗卫生机构开展职业病诊断工作应当具备下列条件：1）持有《医疗机构执业许可证》；2）具有相应的诊疗科目及与备案开展的诊断项目相适应的职业病诊断医师及相关医疗卫生技术人员；3）具有与备案开展的诊断项目相适应的场所和仪器、设备；4）具有健全的职业病诊断质量管理制度。

《职业病诊断与鉴定管理办法》第九条规定，医疗卫生机构进行职业病诊断备案时，应当提交以下证明其符合本办法第八条规定条件的有关资料：1）《医疗机构执业许可证》原件、副本及复印件；2）职业病诊断医师资格等相关资料；3）相关的仪器设备清单；4）负责职业病信息报告人员名单；5）职业病诊断质量管理制度等相关资料。

《职业病诊断与鉴定管理办法》第十六条规定，从事职业病诊断的医师应当具备下列条件，并取得省级卫生健康主管部门颁发的职业病诊断资格证书：1）具有医师执业证书；2）具有中级以上卫生专业技术职务任职资格；3）熟悉职业病防治法律法规和职业病诊断标准；4）从事职业病诊断、鉴定相关工作三年以上；5）按规定参加职业病诊断医师相应专业的培训，并考核合格。

第6章 工伤认定受理、调查核实与决定

42. 工伤认定受理部门

工伤认定的受理部门是用人单位所在地统筹地区社会保险行政部门。《工伤保险条例》第十七条规定，职工所在单位应向统筹地区社会保险行政部门提出工伤认定申请。之所以这样规定，主要基于以下几点考虑。

首先，工伤认定是一种行政行为，需要由有关行政部门作出。在我国，社会保险行政部门是人力资源社会保障部门，从事工伤保险具体事务服务的单位是社会保险经办机构，为了建立相互监督制约的机制，《工伤保险条例》将工伤认定的权力授予了社会保险行政部门。有关个人或者所在单位对工伤认定决定不服的，可以依法提起行政复议，或者依法提起行政诉讼。

其次，工伤认定部门的层次与工伤保险基金的统筹层次相同。工伤认定是工伤保险待遇支付的前提条件，为了便于工作的衔接和管理，《工伤保险条例》规定工伤认定工作由统筹地区的社会保险行政部门负责。

最后，统筹地区的社会保险行政部门在进行工伤认定时，必须遵守《工伤保险条例》所规定的条件、时限、程序等各项要求，严格依法办事，不得徇私舞弊、玩忽职守、贪污受贿。对弄虚作假将不符合工伤条件的人员认定为工伤职工的，或者无正当理由不受理工伤认定申请的，依法给予处分；情节严重，构成犯罪的，依法追究刑事责任。

43. 工伤认定受理时限及回避

《工伤认定办法》第八条规定，社会保险行政部门收到工伤认定申请后，应当在15日内对申请人提交的材料进行审核，材料完整的，作出受理或者不予受理的决定；材料不完整的，应当以书面形式一次性告知申请人需要补正的全部材料。社会保险行政部门收到申请人提交的全部补正材料后，应当在15日内作出受理或者不予受理的决定。

社会保险行政部门决定受理的，应当出具工伤认定申请受理决定书；决定不予受理的，应当出具工伤认定申请不予受理决定书。

为了保证工伤认定工作的公开、公正，《工伤认定办法》第十六条明确规定，社会保险行政部门工作人员与工伤认定申请人有利害关系的，应当回避。按照本条规定，社会保险行政部门中直接参与工伤认定工作的人员，若与工伤认定申请人有亲戚、同事、同学等利害关系，可能影响工伤认定公正性的，均需回避。

> 📖 **拓展阅读**

　　工伤认定申请受理决定书和工伤认定申请不予受理决定书的样式

编号：

工伤认定申请受理决定书

_____：

　　你（单位）于_____年___月___日提交_____的工伤认定申请收悉。经审查，符合工伤认定受理的条件，现予受理。

（盖章）

年　　月　　日

　　注：本决定书一式三份，社会保险行政部门、职工或者其近亲属、用人单位各留存一份。

编号：

工伤认定申请不予受理决定书

_____：

　　你（单位）于_____年___月___日提交_____的工伤认定申请收悉。

　　经审查：_____不符合《工伤保险条例》第____条_____规定的受理条件，现决定不予受理。

　　如对本决定不服，可在接到决定书之日起60日内向申请行政复议，或者向人民法院提起行政诉讼。

(盖章)

年　月　日

注：本决定书一式三份，社会保险行政部门、职工或者其近亲属、用人单位各留存一份。

44.社会保险行政部门工伤调查核实的内容与要求

《工伤保险条例》第十九条规定，社会保险行政部门受理工伤认定申请后，根据审核需要可以对事故伤害进行调查核实，用人单位、职工、工会组织、医疗机构以及有关部门应当予以协助。职业病诊断和诊断争议的鉴定，依照《职业病防治法》的有关规定执行。对依法取得职业病诊断证明书或者职业病诊断鉴定书的，社会保险行政部门不再进行调查核实。

职工或者其近亲属认为是工伤，用人单位不认为是工伤的，由用人单位承担举证责任。

（1）工伤事故调查核实的内容

社会保险行政部门受理工伤认定申请后，应首先对申请人提供的申请材料进行书面审核。在书面审核过程中，可以通过对当事人提供的材料进行分析、电话询问有关人员、与当事人面谈等方式，对申请材料所提供信息的真实性、全面性作出判断。如果申请人提供的材料真实、准确,并且能够说明自己的主张,社会保险行政部门可以据此作出工伤认定决定。经书面审核后,如果发现申请人提供的材料及相关证据不能支持自己的主张,社会保险行政部门不能据此作出是否属于或视同工伤的认定决定。此时,就需要对申请所涉及的单位和个人进行调查核实,以确定哪些证据可以采信,哪些证据不能采信。被调查的用人单位、工会组织、医疗机构、有关人员等应当协助社会保险行政部门调查,如实反映情况,并提供相应证据。最后,如果经社会保险行政部门实地调查后,用人单位与职工有不同的主张,并且各自提供的材料及证据都不足以支持自己的主张,此时应由用人单位承担举证责任。如果用人单位提供的证据不足以推翻职工提供的证据,社会保险行政部门可以根据职工提供的材料及证据作出工伤认定决定。

（2）工伤事故调查核实要求

1）所进行的调查应当是必要的。实际工作中确实需要对某些材料或证据进行核实的，才进行调查。对申请人提供的符合国家有关规定的职业病诊断证明书或者职业病诊断鉴定书，不再进行调查。职业病诊断证明书或职业病诊断鉴定书不符合要求的，社会保险行政部门可以要求出具证据部门重新提供。

2）调查核实应当合法。社会保险行政部门工作人员进行调查核实，不能干扰被调查单位的正常生产、工作秩序，应由两名以上人员共同进行，并出示执行公务的证件。对在调查过程中知悉的有关单位商业秘密及个人隐私予以保密，并为提供情况的有关人员保密。

3）依法行使职权。社会保险行政部门工作人员进行调查核实时，可以行使下列职权：①根据工作需要，进入有关单位和事故现场；②依法查阅与工伤认定有关的资料，询问有关人员并作出调查笔录；③记录、录音、录像和复制与工伤认定有关的资料。

4）必要时可以委托调查核实。社会保险行政部门经书面审核后，认为需要进行调查核实，而自己进行调查核实又有困难的，如对职工因工外出期间受到的伤害进行调查，可以根据工作需要，委托其他统筹地区的社会保险行政部门或相关部门进行调查核实。

45. 工伤调查核实工作人员的权力

社会保险行政部门工作人员在工伤调查工作时享有法定权力，以确保其在工伤认定过程中能够全面、准确地收集和核实相关信息，从而作出公正的工伤认定决定。

第6章　工伤认定受理、调查核实与决定

《工伤认定办法》第十一条规定，社会保险行政部门工作人员在工伤认定中，可以进行以下调查核实工作：

（1）根据工作需要，进入有关单位和事故现场；

（2）依法查阅与工伤认定有关的资料，询问有关人员并作出调查笔录；

（3）记录、录音、录像和复制与工伤认定有关的资料。调查核实工作的证据收集参照行政诉讼证据收集的有关规定执行。

《工伤认定办法》第十二条规定，社会保险行政部门工作人员进行调查核实时，有关单位和个人应当予以协助。用人单位、工会组织、医疗机构以及有关部门应当负责安排相关人员配合工作，据实提供情况和证明材料。

《工伤认定办法》第十四条规定，社会保险行政部门受理工伤认定申请后，可以根据工作需要，委托其他统筹地区的社会保险行政部门或者相关部门进行调查核实。

拓展阅读

　　进行工伤调查核实的工作人员在行使上述权力时，也需履行相关义务，如保守商业秘密和个人隐私，为提供情况的有关人员保密等。《工伤认定办法》及相关法律法规对社会保险行政部门以及相关工作人员的义务明确规定：

　　（1）社会保险行政部门进行调查核实，应当由两名以上工作人员共同进行，并出示执行公务的证件。

　　（2）社会保险行政部门工作人员进行调查核实时，应保守有关单位商业秘密以及个人隐私，为提供情况的有关人员保密。

(3) 社会保险行政部门工作人员与工伤认定申请人有利害关系的，应当回避。

(4) 工伤认定结束后，社会保险行政部门应当将工伤认定的有关资料保存50年。

46. 用人单位拒不协助调查核实事故的法律责任

在劳动关系中，用人单位与职工之间存在着密切的法律关系和道德责任，尤其在涉及工伤事故的调查与认定过程中，用人单位不仅有义务提供安全的工作环境,还须积极配合相关部门对事故的调查核实。然而,一些用人单位在事故发生后却拒绝协助调查,甚至隐瞒事实,导致事故真相难以查明。这种行为不仅严重影响了工伤认定的公正性和透明度,还可能对因工受伤职工的合法权益造成不可逆转的损害。为更好保障因工受伤职工的权益,我国法律对其进行了相关规定。

《工伤保险条例》第六十三条规定,用人单位违反本条例第十九条的规定,拒不协助社会保险行政部门对事故进行调查核实的,由社会保险行政部门责令改正,处2 000元以上2万元以下的罚款。

 疑难解答

社会保险行政部门对事故进行调查核实的责任事项有哪些?

(1)立案责任:发现用人单位违反规定,拒不协助社会保险行政部门对事故进行调查核实的违法行为,予以审查,决定立案。

(2)调查责任:对立案的案件,指定专人负责,及时组织调查取证,与当事人有利害关系的应当回避。执法人员不少于2人,调查时出示执法证件,听取当事人辩解陈述并作记录,执法人员保守有关秘密。

(3)审查责任:审查案件调查报告,对案件违法事实、证据、调查取证程序、法律适用、处罚种类和幅度、当事人陈述和申辩理由等方面进行审查,提出处理意见。

(4)告知责任:作出行政处罚决定前,制作行政处罚通知书送达当事人,告知违法事实及其享有的陈述、申辩等权利。符合听证规定的,制作并送达行政处罚听证告知书。

(5)决定责任:制作行政处罚决定书,载明行政处罚告知、

当事人陈述申辩或者听证情况等内容。

（6）送达责任：行政处罚决定书按法律规定的方式送达当事人。

（7）其他法律法规规章规定应当履行的责任。

47. 工伤认定决定

《工伤认定办法》对工伤认定与否进行了明确规定，并规定了工伤认定的时间限制、认定依据以及工伤认定决定书的相关内容。

《工伤认定办法》第十八条规定，社会保险行政部门应当自受理工伤认定申请之日起 60 日内作出工伤认定决定，出具《认定工伤决定书》或者《不予认定工伤决定书》。

《工伤认定办法》第二十一条规定，社会保险行政部门对于事实清楚、权利义务明确的工伤认定申请，应当自受理工伤认定申请之日起 15 日内作出工伤认定决定。

（1）认定工伤决定书的内容

《工伤认定办法》第十九条规定，《认定工伤决定书》应当载明下列事项：

1）用人单位全称；

2）职工的姓名、性别、年龄、职业、身份证号码；

3）受伤害部位、事故时间和诊断时间或职业病名称、受伤害经过和核实情况、医疗救治的基本情况和诊断结论；

4）认定工伤或者视同工伤的依据；

5）不服认定决定申请行政复议或者提起行政诉讼的部门和时限；

6）作出认定工伤或者视同工伤决定的时间。

（2）不予认定工伤决定书的内容

《工伤认定办法》第十九条规定，《不予认定工伤决定书》应当载明下列事项：

1）用人单位全称；

2）职工的姓名、性别、年龄、职业、身份证号码；

3）不予认定工伤或者不视同工伤的依据；

4）不服认定决定申请行政复议或者提起行政诉讼的部门和时限；

5）作出不予认定工伤或者不视同工伤决定的时间。

《认定工伤决定书》和《不予认定工伤决定书》应当加盖社会保险行政部门工伤认定专用印章。

拓展阅读

编号：

认定工伤决定书

申请人：

职工姓名： 性别： 年龄：

身份证号码：

用人单位：

职业／工种／工作岗位：

事故时间： 年 月 日

事故地点：

诊断时间： 年 月 日

受伤害部位／职业病名称：

受伤害经过、医疗救治的基本情况和诊断结论：

　　_____年___月___日受理_____的工伤认定申请后，根据提交的材料调查核实情况如下：

　　_____同志受到的事故伤害（或患职业病），符合《工伤保险条例》第___条第___款第___项之规定，属于工伤认定范围，现予以认定（或视同）为工伤。

　　如对本工伤认定决定不服的，可自接到本决定书之日起60日内向_____申请行政复议，或者向人民法院提起行政诉讼。

（工伤认定专用章）

年　　月　　日

　　注：本通知一式四份，社会保险行政部门、职工或者其近亲属、用人单位、社会保险经办机构各留存一份。

编号：

不予认定工伤决定书

申请人：

职工姓名：　　　　　性别：　　　　　年龄：

身份证号码：

用人单位：

职业／工种／工作岗位：

　　_____年___月___日受理_____的工伤认定申请后，根据提交的材料调查核实情况如下：

　　_____同志受到的伤害，不符合《工伤保险条例》第十四条、第十五条认定工伤或者视同工伤的情形；或者根据《工伤保险条例》第十六条第___项之规定，属于不得认定或者视同工伤的情形。现决定不予认定或者视同工伤。

　　如对本工伤认定结论不服的，可自接到本决定书之日起60日内向_____申请行政复议，或者向人民法院提起行政诉讼。

（工伤认定专用章）

　　　　　　　　　　　　　　　　年　　月　　日

　　注：本通知一式三份，社会保险行政部门、职工或者其近亲属、用人单位各留存一份。

48. 工伤认定有关资料的保存

在现实生活中，有些职工若干年前遭受工伤，却没有获得应有补偿，或者随着年纪增长伤病反复，或者对当年的工伤认定结果持有异议等，出于种种原因，希望在多年后重新查阅工伤认定的相关档案资料，但却不确定当年的档案资料是否仍然保存。为解决这类情况，《工伤认定办法》作出了明确规定。

工伤认定档案是社会保险行政部门在工伤认定过程中形成的全部法律文书和资料的组合体，具体包括以下材料：

（1）卷宗封面；

（2）卷内目录；

（3）工伤认定受理决定书；

（4）工伤认定申请表；

（5）劳动关系证明材料；

（6）事故人的身份证或户口簿复印件；

（7）就医材料复印件；

（8）企业营业执照副本复印件；

（9）与案卷有关的书证、证人证言；

（10）工伤调查询问笔录；

（11）一次性补正材料通知书、限期举证通知书、工伤认定程序中止通知书；

（12）认定工伤决定书；

（13）送达、传递过程中形成的有关书面材料，包括送达回执、特快专递票据等；

（14）行政复议材料；

（15）行政诉讼材料；

（16）工伤认定工作中形成的声像和电子载体记录等。

《工伤认定办法》第二十四条规定，工伤认定结束后，社会保险行政部门应当将工伤认定的有关资料保存50年。

49. 工伤认定便民化服务政策

为贯彻党中央、国务院推进审批服务便民化和深化"放管服"改革要求，落实人力资源社会保障部关于加强人社系统行风建设部署，推进工伤认定和劳动能力鉴定便民化服务工作，2018年10月，人力资源社会保障部办公厅印发了《关于推进工伤认定和劳动能力鉴定便民化服务工作的通知》（以下简称《通知》），对做好工伤认定和劳动能力鉴定工作作出新部署，提出新要求，布置新任务。

《通知》共分为以下3部分。

（1）明确了推进工伤认定和劳动能力鉴定便民化服务的指导思想

深入贯彻以人民为中心的发展思想，围绕"正行风、树新风，打造群众满意的人社服务"总体要求，突出问题导向，坚持远近结合，深化标本兼治，切实提升工伤认定和劳动能力鉴定工作的规范化、便利化、信息化，切实提升工伤职工和用人单位的满意度、获得感。

（2）明确了推进工伤认定和劳动能力鉴定便民化服务的六项任务

1）全面下放省级人社部门工伤认定和劳动能力初次鉴定事项。目前仍在办理工伤认定和劳动能力初次鉴定事项的省（自治区、直辖市）人社部门，要按照《工伤保险条例》的规定，从2019年开始，全面下放工伤认定和劳动能力初次鉴定事项。

2）全面推进工伤认定和劳动能力鉴定受理事项进驻大厅。目前工伤认定和劳动能力鉴定受理事项还未进驻大厅的，要按照服务事项集中办理、"一窗通办"的要求，从2019年开始全面进驻大厅，实现工伤认定和劳动能力鉴定受理事项"只进一扇门"和"一窗受理"。

3）切实清理取消重复提交的证明和材料。各地要按照工伤认定、劳动能力鉴定、待遇支付业务协同办理的要求，全面梳理工伤认定和劳动能力鉴定服务事项所需证明和材料，切实减证便民，取消不必要或重复提交的证明和材料。原则上，通过内部信息共享能够获取的，或者上一个环节已经提交的，不应要求用人单位和工伤职工重复提交。

4）切实提高工伤认定和劳动能力鉴定效率。各地要本着优化流程、精简环节、缩短时限的要求，进一步提高工伤认定和劳动能力鉴定工作效率。对于事实清楚、权利义务明确的工伤认定案件要通过简易程序，快认快结。对因较大安全生产事故造成人员伤亡或者社会关注度高的工伤认定案件，要主动介入，优先受理，开辟工伤认定绿色通道，及时做出工伤认定结论。对伤情清楚、证据充分、没有异议的劳动能力鉴定案件，要进一步缩短时限，尽快做出鉴定结论。

5）积极探索异地工伤认定和劳动能力鉴定委托合作。各地要适应区域间劳动力流动愈加频繁、用人单位注册参保地与工作生产地分离日益增多的情况，对异地发生工伤的，加强与当地人力资源社会保障部门合作，通过探索委托当地人力资源社会保障部门进行工伤认定调查，探索聘请当地医学专家进行劳动能力鉴定等方式，方便用人单位和工伤职工就近进行工伤认定和劳动能力鉴定。

6）积极推进"互联网+认定鉴定"。各地要以全面推进工伤保险信息化建设为契机,同步推进"互联网+认定鉴定",推进网上大厅与实体大厅业务办理结合,统一在线业务办理标准,加快实现工伤认定和劳动能力鉴定工作业务全流程实时记录、即时交换、相互核验、精确管理,实现工伤认定和劳动能力鉴定业务在线协同办理、信息共享,实现"数据多跑路、群众少跑腿"。

(3)对进一步明确职责、加强监管、强化能力建设和宣传保障等方面提出了要求

1)加强领导,提高认识。

2)加强组织,强化监管。

3)加强培训,强化保障。

4)加强宣传,引导舆情。

第 7 章
劳动关系与工伤认定争议及特殊情况

50. 劳动关系认定

现实中存在大量事实劳动关系，事实劳动关系的劳动者一旦出现工伤事故，由于缺乏直接的劳动关系证明，往往会产生劳动关系确认的争议。而确认劳动关系是工伤认定的前提条件。司法实践中，用人单位有时会利用劳动关系确认的争议将劳动者拖入漫长的维权道路，以此拖延履行赔偿责任，劳动者疲于应付，长时间无法获得应有赔偿，导致劳资双方关系紧张，对立情绪严重。为了更有效地解决这类问题，法律明确规定人力资源社会保障行政部门有权认定劳动关系，从而达到简化工伤索赔程序，减轻劳动者维权负担的目的。

（1）劳动关系相关解释

劳动关系是指劳动者依法运用劳动能力，在实现社会劳动过程中与用人单位形成的权利义务关系。

劳动关系的主体为劳动者和用人单位。劳动关系所涉及的劳动者是指依据劳动法律和劳动合同，在用人单位从事体力或脑力劳动并获得报酬的自然人。达到法定劳动年龄，并具有劳动能力是成为劳动者的必备条件。用人单位则是依法招用和管理劳动者，并对劳动者承担相关义务的相对方。

劳动关系的客体为劳动行为。实施劳动行为、完成劳动任务是劳动者的首要义务。劳动关系所指向的是劳动行为，因此，劳动关系建立后，劳动者必须加入到用人单位的生产和工作中去，成为用人单位的成员，对内享受本单位职工的权利，承担本单位职工的义务。用人单位作为生产经营活动的组织管理者，在要求劳动者完成生产工作任务的同时，必须为劳动者完成劳动行为提供条件，包括生产场所、机器设备、劳动工具等。

（2）劳动关系认定依据

人力资源社会保障部发布的《关于确立劳动关系有关事项的通知》对用人单位与劳动者确立劳动关系的凭据作出了详细说明。

1）用人单位招用劳动者未订立书面劳动合同，但同时具备下列情形的，劳动关系成立：

①用人单位和劳动者符合法律、法规规定的主体资格；

②用人单位依法制定的各项劳动规章制度适用于劳动者，劳动者受用人单位的劳动管理，从事用人单位安排的有报酬的劳动；

③劳动者提供的劳动是用人单位业务的组成部分。

2）用人单位未与劳动者签订劳动合同，认定双方存在劳动关系时可参照下列凭证：

①工资支付凭证或记录、缴纳各项社会保险费的记录；

②用人单位向劳动者发放的工作证、服务证等能够证明身份的证件；

③劳动者填写的用人单位招工招聘登记表、报名表等招用记录；

④考勤记录；

⑤其他劳动者的证言等。

> **拓展阅读**
>
> 社会保险行政部门在审查劳动者是否与用人单位存在劳动关系时，应注意以下3点。
>
> 1）注重对劳动关系的相关实质要件进行审查。认定劳动关系有两种形式，即书面劳动合同和事实劳动关系。在事实劳动关系中，需要注意审查用人单位和劳动者是否具有主体资格、用人单位的各项劳动规章制度是否适用于劳动者、劳动者提供的劳动行为是否为用人单位业务的组成部分。在证据材料方面，工资支付凭证、缴纳社会保险费记录、工作证件、招工招聘登记表、考勤记录等可以作为认定双方存在劳动关系的重要凭证。
>
> 2）用人单位否定劳动者提出的工伤认定主张，应承担举证责任。这是因为在证据资源的掌握上，用人单位相比劳动者而言，处于强势地位。
>
> 3）在劳动者与用人单位的劳动关系不明确时，社会保险行政部门内部具体负责工伤认定的业务部门，可请负责劳动关系的业务部门出具劳动关系是否成立的意见，而不能直接拒绝工伤认定。

51. 劳动者与用人单位劳动关系纠纷处理

根据《劳动法》相关规定，建立劳动关系应当订立书面劳动合同。而在现实的劳动就业市场中，劳动力供大于求，用人单位为规避法律义务，往往不愿与劳动者订立书面劳动合同，劳动者在就业压力大的现实情况下，为抓住就业机会，往往也被迫放弃订立书面劳动合同的权利，从而导致事实劳动关系大量存在。在相关案件审判实践中，由于法律规定的缺乏，理论界又没有展开深入的研究，因此，劳动关系成立与否的判定成为审理劳动关系争议案件中的难点问题之一。

社会保险行政部门在工伤认定程序中具有劳动关系确认权。根据《劳动法》第九条、《工伤保险条例》第五条的相关规定，县级社会保险行政部门负责本行政区域内的工伤保险工作。根据《工伤保险条例》第十八条相关规定，提出工伤认定申请应当提交与用人单位存在劳动关系（包括事实劳动关系）的证明材料。

从上述条文可以看出，社会保险行政部门在进行工伤认定时，必然要对是否存在劳动关系进行审查，因而事实上承认了社会保险行政部门具有确认劳动关系的职权。最高人民法院、人力资源社会保障部在相关文件中也肯定了社会保险行政部门的劳动关系确认权。

《最高人民法院行政审判庭关于劳动行政部门在工伤认定程序中是否具有劳动关系确认权请示的答复》中指出，根据《劳动法》第九条和《工伤保险条例》第五条、第十八条的规定，劳动行政部门（即社会保险行政部门）在工伤认定程序中，具有认定受到伤害的职工与企业之间是否存在劳动关系的职权。《人力资源和社会保障部关于执行〈工伤保险条例〉若干问题的意见》规定，社会保险行政部门受理工伤认定申请后，发现劳动关系存在争议且无法确认的，应告知当事人可以向劳动人事争议仲裁委员会申请仲裁。换句话说，只有社会保险行政部门"无法确认"劳动关系的，才告知当事人申请仲裁；反之，若可以确认劳动关系，则可自行认定劳动关系的存在。

劳动者与用人单位发生劳动争议后，可选择协商、调解、仲裁、诉讼等方式解决。

（1）协商

发生劳动争议时，劳动者可以与用人单位协商，也可以请求工会组织或者第三方共同与用人单位进行协商，达成和解协议。

（2）调解

发生劳动争议后，劳动者可向企业劳动争议调解委员会、基层人民调解组织或在乡镇、街道设立的具有劳动争议调解职能的组织申请调解。申请调解可以以口头形式提出，也可以书面形式提出。达成调解协议后，双方应当履行该协议。

（3）仲裁

如果劳动者不愿调解、调解不成或者达成调解协议后不履行的，可以向县（区）市级劳动争议仲裁委员会申请仲裁。劳动争议申请仲裁的时效为一年，从当事人知道或者应当知道其权利被侵害之日起计算。劳动者必须注意及时申请仲裁，否则可能会因超过时效而被驳回申请。

（4）诉讼

劳动者对劳动争议仲裁委员会的仲裁裁决不服的，可以在收到仲裁裁决书之日起15日内向人民法院提起诉讼。仲裁是诉讼的必经程序，未经仲裁不能直接提起诉讼。此外，要注意，如果劳动者在收到仲裁裁决书之日起 15 日内未提起诉讼，仲裁裁决书即发生法律效力。

 拓展阅读

  基本案情：2022 年 2 月，崔某到某高纤公司的车间工作。2022 年 3 月，该公司与崔某所在车间全体人员签订车间承包协议。承包协议约定，崔某等要遵守公司的各项安全制度，本协议视为公司与该车间全体人员签订的集体劳动合同。该公司于 2022 年 3 月、4 月、5 月分别向崔某支付劳动报酬。2022 年 6 月，崔某在工作中受伤。崔某向当地劳动人事争议仲裁委员会申请仲裁，请求确认其与某高纤公司存在劳动关系。劳动人事争议仲裁委员会予以支持。该公司不服，诉至人民法院，请求确认其与崔某之间不存在劳动关系。

  裁判结果：审理法院认为，崔某具备劳动者主体资格，某高纤公司具备用工主体资格。崔某自 2022 年 2 月至 6 月一直在该公司的生产线工作，所从事的工作是该公司业务的组成部分，并按月领取了劳动报酬。双方签订的车间承包协议载明的该协议视为某高纤公司与崔某所在车间全体人员签订的集体劳动合同、崔某等需遵守公司的各项安全制度等约定亦证实公司的相关规章制度适用于崔某，崔某接受该公司的劳动管理。审理法院判令崔某与某高纤公司之间存在劳动关系。

  典型意义：随着市场经济的转型和发展，劳动密集型企业出于降低成本、提高效益等考虑，采取种类多样的经营模式。实践中，存在部分企业滥用承包经营方式，通过与劳动者签订内部承包合同规避订立劳动合同的情形，以此为由否认与劳动者之间的

劳动关系，转嫁用工风险。人民法院在判断用人单位与劳动者之间是否存在劳动关系时，不仅要审查双方签订合同的名称，更要通过合同的内容和实际情况实质性审查双方之间的法律关系是否具备劳动关系的从属性特征，准确认定双方之间的法律关系，纠正通过签订承包合同等规避用人单位义务的违法用工行为，切实维护劳动者的合法权益。

52. 劳动争议的相关时效判定

劳动争议申请仲裁的时效期间为一年。仲裁时效期间从当事人知道或者应当知道其权利被侵害之日起计算。

劳动关系存续期间因拖欠劳动报酬发生争议的，劳动者申请仲裁不受上述一年仲裁时效期间的限制；但是，劳动关系终止的，应当自劳动关系终止之日起一年内提出仲裁申请。

《劳动人事争议仲裁办案规则》第二十七条规定，在申请仲裁的时效期间内，有下列情形之一的，仲裁时效中断：

（1）一方当事人通过协商、申请调解等方式向对方当事人主张权利的；

（2）一方当事人通过向有关部门投诉，向仲裁委员会申请仲裁，向人民法院起诉或者申请支付令等方式请求权利救济的；

（3）对方当事人同意履行义务的。

从中断时起，仲裁时效期间重新计算。

《劳动人事争议仲裁办案规则》第二十八条规定，因不可抗力，或者有无民事行为能力或者限制民事行为能力劳动者的法定代理人未确定等其他正当理由，当事人不能在规定的仲裁时效期间申请仲裁的，仲裁时效中止。从中止时效的原因消除之日起，仲裁时效期间继续计算。

《劳动法》第八十二条规定，提出仲裁要求的一方应当自劳动争议发生之日起六十日内向劳动争议仲裁委员会提出书面申请。仲裁裁决一般应在收到仲裁申请的六十日内作出。对仲裁裁决无异议的，当事人必须履行。

《劳动法》第八十三条规定，劳动争议当事人对仲裁裁决不服的，可以自收到仲裁裁决书之日起十五日内向人民法院提起诉讼。一方当事人在法定期限内不起诉又不履行仲裁裁决的，另一方当事人可以申请人民法院强制执行。

53. 特殊用工的劳动关系与工伤保险

特殊用工的劳动关系与工伤保险是一个复杂而重要的议题，为更好地保护劳动者的合法权益，推动社会和谐稳定和可持续发展，以下主要从非全日制用工、新业态从业人员和实习学生3个方面进行分析。

（1）非全日制用工

非全日制用工，是指以小时计酬为主，劳动者在同一用人单位一般平均每日工作时间不超过4小时，每周工作时间累计不超过24小时的用工形式。

用人单位应当按照国家有关规定为建立劳动关系的非全日制用工劳动者缴纳工伤保险费。从事非全日制工作的劳动者发生工伤，依法享受工伤保险待遇；被鉴定为伤残五级至十级的，经劳动者与用人单位协商一致，可以一次性结算伤残待遇及有关费用。从事非全日制工作的劳动者与用人单位因履行劳动合同引发的劳动争议，按照国家劳动争议处理规定执行。劳动者直接向其他家庭或个人提供非全日制劳动的，当事人双方发生的争议不适用劳动争议处理规定。

（2）新业态从业人员

新业态是指为适应市场和经济新的需求，实现物力、人力、资金、信息等生产要素创新整合与结构再造的一种新的产业形态或经营方式。

劳动者与新业态企业签订劳动合同的，新业态企业要依法为劳动者参加职工社会保险，这些企业符合条件的也可按规定享受吸纳就业扶持政策，如税收减免、社保补贴和创业担保贷款等优惠政策。没有签订劳动合同的其他劳动者，可以按照灵活就业人员身份参加养老保险和医疗保险，缴纳住房公积金。

（3）实习学生

为保障实习学生权益，国家对实习学生的劳动保护、工作时间、劳动报酬等方面作出严格规定，近期多省市新增了实习学生按单险种参加工伤保险的相关规定。

以北京市为例，本市行政区域内的企业、国家机关、事业单位、社会团体、民办非企业单位、基金会、律师事务所、会计师事务所等组织和有雇工的个体工商户（以下称实习单位），可依据《北京市人力资源和社会保障局　北京市教育委员会等部门关于职业学校实习学生参加工伤保险工作的通知》，为其接收的实习学生按单险种参加工伤保险。

该通知所称实习学生，是指年满16周岁、由职业学校（含技工学校）安排或者批准自行到本市实习单位进行岗位实习的学生。实习单位为接收的实习学生按单险种参加工伤保险，并按时足额缴纳工伤保险费的，工伤保险关系生效，不实施补缴工伤保险费。三方实习协议终止、解除的，实习单位应及时到社会保险经办机构办理停保手续。

  实习学生处于停工留薪期内的，工伤保险关系暂不终止。实习单位办理实习学生参加工伤保险实行实名按月缴费，个人不缴纳工伤保险费。实习单位按该通知规定为实习学生办理参保缴费的，实习学生在此期间因工作遭受事故伤害或者患职业病的，其工伤认定、劳动能力鉴定和应由工伤保险基金支付的工伤保险待遇等，参照《工伤保险条例》《北京市实施〈工伤保险条例〉若干规定》等有关规定执行。

  实习单位未按该通知为实习学生参加工伤保险的，人力资源社会保障行政部门不予受理相关工伤认定申请。实习学生因工致残被鉴定为五级至十级伤残，在三方实习协议终止、解除时，符合待遇领取资格的，由工伤保险基金按规定支付一次性工伤医疗补助金，工伤保险关系终止。实习学生因工致残被鉴定为一级至四级伤残，符合待遇领取资格的，由实习单位到参保地社会保险经办机构办理待遇社会化发放管理手续。

54. 工伤认定申请超出相关时限的处理意见

  根据《工伤保险条例》第十七条相关规定，职工向统筹地区社会保险行政部门提出工伤认定申请，遇有特殊情况，经报社会保险行政部门同意，申请时限可以适当延长。用人单位未按相关规定提出工伤认定申请的，工伤职工或者其近亲属、工会组织在事故伤害发生之日或者被诊断、鉴定为职业病之日起 1 年内，可以直接向用人单位所在地统筹地区社会保险行政部门提出工伤认定申请。职工所在单位是否同意（签字、盖章），不是必经程序。

用人单位未在《工伤保险条例》第十七条第一款规定的时限内提交工伤认定申请，在此期间发生符合《工伤保险条例》规定的工伤待遇等有关费用由该用人单位负担。用人单位承担工伤待遇等有关费用的期间是指从事故伤害发生之日或职业病确诊之日起到人力资源社会保障行政部门受理工伤认定申请之日止。

《人力资源社会保障部关于执行〈工伤保险条例〉若干问题的意见（二）》规定，有下列情形之一的，被延误的时间不计算在工伤认定申请时限内：

（1）受不可抗力影响的；

（2）职工由于被国家机关依法采取强制措施等人身自由受到限制不能申请工伤认定的；

（3）申请人正式提交了工伤认定申请，但因社会保险机构未登记或者材料遗失等原因造成申请超时限的；

（4）当事人就确认劳动关系申请劳动仲裁或提起民事诉讼的；

（5）其他符合法律法规规定的情形。

拓展阅读

根据主体的不同，将工伤认定的申请时限分为以下两类：

（1）对用人单位而言，申请时限一般为事故伤害发生之日或者由省级人民政府卫生行政部门指定的职业病诊断机构确诊为职业病之日起 30 日内；情况特殊的，经社会保险行政部门批准，可以适当延长。

（2）对个人而言，工伤认定的申请时限为事故伤害发生之日或者被确诊为职业病之日起1年内。

对用人单位的申报时限要求较短，主要是为了加强对用人单位安全生产的监管，便于有关证据的搜集与分析，及时保护职工的合法权益。而对个人的申请期限作较长的规定，主要是为了充分保障职工的申请权利。

55. 不服工伤认定受理或认定结论的处理

根据《工伤保险条例》第五十五条相关规定，申请工伤认定的职工或者其近亲属、该职工所在单位对工伤认定申请不予受理的决定不服的；申请工伤认定的职工或者其近亲属、该职工所在单位对工伤认定结论不服的，有关单位或者个人可以依法申请行政复议，也可以依法向人民法院提起行政诉讼。

《工伤认定办法》第二十三条规定，职工或者其近亲属、用人单位对不予受理决定不服或者对工伤认定决定不服的，可以依法申请行政复议或者提起行政诉讼。社会保险行政部门作出认定为工伤的决定后发生行政复议、行政诉讼的，行政复议和行政诉讼期间不停止支付工伤职工治疗工伤的医疗费用。

（1）争议属于行政争议

依据《中华人民共和国行政复议法》（以下简称《行政复议法》）和《中华人民共和国行政诉讼法》（以下简称《行政诉讼法》）的相关

规定，公民、法人或者其他组织对下列具体行政行为不服而产生的行政争议，都可以依法申请行政复议和提起行政诉讼：

1）对拘留、罚款、吊销许可证和执照、责令停产停业、没收财物等行政处罚不服的；

2）对限制人身自由或者对财产的查封、扣押、冻结等行政强制措施不服的；

3）认为行政机关侵犯法律规定的经营自主权的；

4）认为符合法定条件申请行政机关颁发许可证和执照，行政机关拒绝颁发或者不予答复的；

5）申请行政机关履行保护人身权、财产权的法定职责，行政机关拒绝履行或者不予答复的；

6)认为行政机关没有依法发给抚恤金的;

7)认为行政机关违法要求履行义务的;

8)认为行政机关侵犯其他人身权、财产权的;

9)法律、法规规定可以提起行政诉讼或者申请行政复议的其他具体行为。

社会保险行政部门是工伤保险行政主管部门,社会保险经办机构是《工伤保险条例》授予工伤保险经办服务职责的机构。申请工伤认定的职工或者其近亲属、该职工所在单位对工伤认定申请不予受理的决定不服的,对工伤认定结论不服的,都属于行政争议,可以通过行政复议和行政诉讼加以解决。

(2)解决争议的途径

行政复议,是指依照《行政复议法》的规定,公民、法人或者其他组织认为行政机关的行政行为侵犯其合法权益,向行政复议机关提出行政复议申请,复议机关办理行政复议案件的法律制度。行政诉讼,是指依照《行政诉讼法》的规定,公民、法人或者其他组织认为行政机关和行政机关工作人员的行政行为侵犯其合法权益,向人民法院提起诉讼,人民法院对被诉行为进行审查并依法裁决的法律制度。

根据《行政复议法》和《行政诉讼法》的相关规定,申请工伤认定并对工伤认定申请不予受理的决定不服或对认定结论不服的职工或者其近亲属、该职工所在单位,都可以作为行政复议的申请人和行政诉讼的原告。作出有关决定或者核定的社会保险行政部门或者社会保险经办机构,则成为行政复议的被申请人和行政诉讼的被告。

《行政复议法》第十一条规定,公民、法人或者其他组织对行政机关作出的不予受理工伤认定申请的决定或者工伤认定结论不服的,可以申请行政复议。《行政诉讼法》第十八条规定，行政诉讼案件由最初作出具体行政行为的行政机关所在地人民法院管辖。经复议的案件，也可以由复议机关所在地人民法院管辖。

《行政复议法》第二十条规定，公民、法人或者其他组织认为行政行为侵犯其合法权益的，可以自知道或者应当知道该行政行为之日起六十日内提出行政复议申请；但是法律规定的申请期限超过六十日的除外。因不可抗力或者其他正当理由耽误法定申请期限的，申请期限自障碍消除之日起继续计算。

（3）行政决定、复议决定和法院判决、裁定的效力

依据《行政复议法》和《行政诉讼法》，在复议期间或者诉讼期间，除特定情形外，不停止原具体行政行为的执行。因此，在行政复议或者诉讼期间，除出现特定情形外，社会保险行政部门或者社会保

险经办机构作出的有关决定或者核定应当继续执行。

行政复议申请人对行政复议决定不服的，可以在收到复议决定书之日起 15 日内向人民法院提起诉讼。逾期不起诉又不履行的，由复议机关或作出具体行政行为的社会保险行政部门、社会保险经办机构申请人民法院强制执行。对人民法院发生法律效力的判决、裁定，当事人必须履行。当事人拒绝履行判决、裁定的，社会保险行政部门或者社会保险经办机构可以依法向一审法院申请强制执行。